新 潮 文 庫

キリンを作った男

マーケティングの天才・前田仁の生涯

永 井 隆 著

新 潮 社 版

11915

目次

キリンを作った男

マーケティングの天才・前田仁の生涯

まえがき

キリンビールといえば、どういうブランドを思い浮かべるだろうか。

「一番搾《しぼ》り」を真っ先に想像する人は多いかもしれない。

ビールではその「一番搾り」に「ハートランド」、発泡酒の「淡麗」および「淡麗グリーンラベル」、第3のビール（現在は発泡酒）「のどごし」、そして缶チューハイ「氷結」……。これらはみな、一人の人物が作った商品である。

その人の名は前田仁《ひとし》（1950年〜2020年）。

ある時期まではプレーヤーあるいは現場リーダーとして、以降はカリスマ上司として、前田は新商品開発に挑んだ。このように複数のメガヒットを飛ばしたマーケターは、キリンの中で、いやビール業界では、ほかにはいない。

なぜこの男だけが、いくつものヒットを生み出せたのか──。

この点が、「稀代《きたい》なるヒットメーカー前田仁の評伝」という本書を企画する一つの引き金となった。

取材を始めてみると、驚くことに、実は前田は、自社の絶対的な主力商品だった「ラガー」をぶっ潰《つぶ》そうと意図して「ハートランド」（発売は86年）を作ったことがわかった。しかも、六本木に巨大かつ前衛芸術の発信拠点となる「ビアホール・ハートランド」を発売と同時に建設してまでも。

80年代半ばまでキリンは6割を超えるシェア（市場占有率）を有していて、販売量のほとんどは「ラガー」だった。なのに、なぜ名門企業の強さの源泉を破壊しようと企てたのか――。

その詳細は本編にゆずるが、ある意識をこの男は有していた。

73年に入社した前田は営業などを経て、新商品開発を担当するマーケティング部へ。ハートランド・プロジェクトののち、キリンの戦後最大のヒットとなる「一番搾り」を開発するも、いきなり左遷《させん》。雌伏《しふく》の時は7年半に及ぶ。が、ライバルのアサヒビールの躍進により、再び表舞台に最年少部長として復帰し、さらなるヒットを連発させていく。

前田は食品業界では名の知られたマーケターであり、「カリスマ」とも呼ばれた。が、手柄を部下に与える上、マスコミ嫌いだったこともあり、世間的には「知る人ぞ知る」存在だった。

前田はいつも、「お客様」という言葉を使っていた。マーケターだったが、決して消費者、ユーザー、カスタマーなどとは口にしなかった。最大のターゲットは、あくまで生活者であり、収引先である卸や小売り企業でもなかった。

美しく作ったり、ユニークに作ったりするのではなく、お客様がほしいと思う商品を作り続けた。時には、〝愛されるもの〟を、別の時には〝必要とされるもの〟を。

私欲を持たず、他者に対しては「ギブ・アンド・ギブ」で見返りを求めない。出世して立場が変わっても、廉潔《れんけつ》な姿勢を終始崩さなかった。

もっとも、権謀術数《けんぼうじゅつすう》が渦巻く巨大企業の中では、ヒットメーカーである上、一言居士《いちげんこじ》を貫く前田はどうしても煙たがられ、攻撃を受けることも多かった。安定が好まれる組織では「出る杭《くい》は打たれる」もの。それでも、彼は決して反撃をしなかった。何事も受け入れていった。

80年代半ばまで、キリンが6割超えのシェアを誇るトップ企業だったため、ビール業界は「ガリバーと3人の小人」などと揶揄《やゆ》された。これほど強かったキリンの姿は、バブル期まで世界に存在感を示していたわが国の姿と、どこか重なり合う。

キリンの場合、あまりに長く続いた圧倒的な勝利は、内部に決定的な弱さを醸成した。新しい挑戦や努力をせずとも、勝ってしまう。高いシェア、安定した財務という見た目とは裏腹に、企業組織にとってもっとも重要である「活力」が、気がつけば喪失されていたのだ。

先達《せんだつ》が築いた仕組みやブランドに支えられていることを忘れ、組織は驕《おご》り、内向きになっていた。今日も明日も、昨日の延長とみんなが考え、変化を何より嫌った。

本社は超名門大学出身者ばかりの同質で占められ、新しい発想は生まれにくくなっていた。現場も、半径2メートル以内の自分の世界にしか関心を持たない。いずれも、「お客様」や「新価値創造」などという意識は欠落していた。

こんな弛緩《しかん》した状態が長期に続いたため、ライバル社がバブル期にヒット商品を放つと後退が始まり、キリンはやがて2位に転落する。

それでも、前田が作った「一番搾り」を中心とする戦略を打ち出し、キリンは20年に再び首位に返り咲く。

ブレない男は何と戦い、何を求めて、ヒット商品を作り続けたのか——。

巨大企業の内部に切り込み、ひも解いていこう。なお、登場していただいた方々の敬称を省略していることを、この場でお断りしておく。

第1章　打倒「ラガー」極秘作戦

ラベルのないビール

いままさに、バブルの時代が幕を開けようとしていた1986年。

その一風変わったビールは生まれた。

ビールの名は「ハートランド」。目に鮮やかな緑色のボトルが印象的な、麦芽100%の瓶ビール（500㎖）だ。

大きなスーパーなら、クラフトビールのコーナーに置かれているが、コンビニではあまり見かけない。どちらかといえばマイナーなビールだ。

キリンビールの製品ということさえ、意外と知られていないようだ。

そのボトルにはラベルがない。ガラスにエンボス（浮き彫り）が施されているだけ。「KIRIN（キリン）」のロゴすら入っていない。

このボトルのデザインは、レイ吉村が手掛けたもの。ニューヨークの沖合に沈む沈没船から発見された、古い瓶の形をイメージしたという。エンボス部分に描かれた大樹のイラストは、画家ラジャー・ネルソンが描く、アメリカ・イリノイ州の穀倉地帯の風景がもとになっている。

「ハートランド」は、当時テレビ朝日系で放送されていた「愛川欽也の探検レストラン」という料理バラエティ番組向けに作られたビールだった。ちなみに、同番組のスポンサーはキリン1社だった。

番組向けのビールではあったが、テレビ朝日の旧局舎内のレストラン「たべたか楼」で、実際に飲むことができた。

「ハートランド」はその後、キリン直営店でも提供されることになる。

その直営店こそ「ビアホール・ハートランド」である。86年10月に、現在六本木ヒルズがある、当時は「再開発予定地」だった場所にオープンしたお店だ。

「ハートランド」はそもそも、この「ビアホール・ハートランド」のために開発されたビールだった。テレビ番組での使用はPRのための施策にほかならない。

この「ビアホール・ハートランド」も、普通のビアホールではなかった。

建物自体がかなり個性的だった。かつてニッカウヰスキーの原酒貯蔵庫跡で、通称

「穴ぐら」と呼ばれた建物と、日本における弁護士の草分けである増島六一郎の元邸宅で、大正初期にドイツ人が設計した、蔦《つた》の絡《から》まる4階建ての洋館「つた館」からなっていた。

86年8月から改装工事を始め、10月20日にバースタイルの「穴ぐら」がオープン。「つた館」を加えてフルオープンしたのは11月7日だった。

客席数は「穴ぐら」が54席、「つた館」が142席、合計196席という大箱だった。

「ハートランド」の商品開発を仕切ったのは、当時キリンのマーケティング部に在籍していた前田仁だった。前田は「ビアホール・ハートランド」の初代店長も務めている。

マーケティング部の前田が、なぜ直営店の店長を務めたのか。それは「ビアホール・ハートランド」の狙《ねら》いが、消費者のニーズを探ることにあったからだった。

お店で得た知見をもとに、前田はその後、大ヒット商品を次々に開発、「マーケティングの天才」と呼ばれることになる。

「ラガー」という聖域

当時のキリンは、ビール業界における「絶対的No.1企業」だった。

72年から、「ハートランド」発売前年の85年まで、キリンのシェア（販売ベース）は常に6割を超えていた。最大は76年で、63・8％。「ハートランド」発売の86年の時点でも59・9％と、ほぼ6割を維持している。

キリンは14年間にもわたり圧倒的な強さを誇っていた。そのため、「キリン」という社名自体がブランド化していた。

その象徴ともいえる聖獣「麒麟《きりん》」のイラストは、アサヒビール、サッポロビール、サントリーのライバル3社を寄せ付けない、圧倒的な競争力のアイコンともいえた。

それゆえ、ビール販売量の大半を占める「ラガー」をはじめ、キリンの販売するビールは、「キリン」のロゴと聖獣「麒麟」のイラストを大きく掲げていた。

もっとも、当時のキリンはこれ以上売り上げを伸ばせない状況にあった。73年以降、独占禁止法に抵触し、会社が分割される可能性に直面していたのである。

ただ、「ハートランド」がキリンのロゴとイラストを外した理由は、その「シェアの取り過ぎ問題」のためではなかった。

その理由を、キリン関係者は次のように語る。

「ハートランドの本当の狙いは、主力商品のラガーをたたき潰《つぶ》すことにあったのです。これは社内でも数人しか知らない極秘作戦でした」

当時のキリンにおいて、「ラガー」はまさに聖域だった。ある意味「神」のように崇《あが》められていた。

「キリンラガーしか飲まない」とある中堅商社のトップが宣言したと言われるほど、ビールといえば「ラガー」一択という時代があったのである。

キリンの強さの理由は、家庭用に注力したことにあった。

もともとビールは高級な酒だった。酒税が高く、しかも冷やして飲むため、戦前は料理屋やカフェで提供される酒だった。

戦前には、大日本ビールが業務用を中心に7割を超えるシェアを持っていた。ただ、戦後にはその状況が一変する。49年、大日本ビールはGHQ（連合国最高司令官総司令部）によって、アサヒビールとサッポロビールに分割されてしまったのだ。

56年には経済白書が「もはや戦後ではない」と宣言。ただそれ以降も、アサヒとサッポロは「戦後」を脱することができなかった。大日本ビール時代に業務用ビールで市場を支配した「成功体験」を捨てられなかったからだ。

一方、キリンはもともと業務用の販路が弱く、家庭用に賭《か》けるしかなかった。日本経済が高度成長期へ突入すると、各家庭には冷蔵庫が普及する。その結果、家でもキンキンに冷えたビールを飲むことができるようになった。

そのおかげで、家庭でのビール消費が急増し、キリンのシェアも急拡大していった。70年代に入り、ほぼすべての家庭に冷蔵庫が普及する頃、キリンのシェアは６割を超えていた。

この「シェア６割獲得」こそ、キリンにとっての「成功体験」だった。

物事の本質を見よ

「ハートランド」の開発が始まった83年９月。

当時、キリンのマーケティング部長を務めていたのは桑原通徳《みちのり》だった。

桑原は53年に入社。大阪で営業畑を歩み、79年には神戸支店長を務めた。その後、83年に本社マーケティング部長に就任している。

２０１５年からキリンビール社長を務め、21年９月に急逝《きゅうせい》した布施《ふせ》孝之は、82年にキリンに入社してすぐ神戸支店に配属され、桑原の部下として働いたことがある。まだ新入社員だった布施に向かって、桑原は次のように言っていたという。

「お前は好きなようにやっていい。ただし、物事の本質を見よ！」

桑原は、通説に惑わされず、本質を見る力を持っていた。彼はその力で、キリンという企業がこの先どうなるかを、かなり正確に予見していた。

配属初日に桑原は次のように言っていたと、生前の布施は語っていた。

「キリンはいまのままでは危うい。シェア6割は、既得権益に守られた結果だ。いずれ酒販免許は自由化され、スーパーでもビールを買える日が来る。大手流通チェーンの力が増し、定価販売は崩壊するだろう。キリンを支えた酒販店による配達はなくなり、ビールは瓶から缶へ移っていく。『成功体験』を捨てられないキリンが、こうした大きな変化に対応できるとは思えない」

この桑原の言葉に、布施は衝撃を受けた。高いシェアを誇るキリンは、自動車のトヨタ、家電の松下電器産業（現パナソニックホールディングス）と並ぶ、「安定企業」だと思って入社を決めたからだ。

しかし、その後の動きは、桑原が予言した通りに進んだ。布施はこの時、「自分も、桑原支店長のように先を読める上司になりたい」と強く思ったという。

殿様商売

圧倒的なシェアを背景に、キリンは知らず知らず「殿様商売」化していった。どの酒販店もキリンの「ラガー」を置きたがった。それゆえ、卸はキリンの営業マンをお茶やコーヒーでもてなし、「1箱でも多く、ラガーをまわしてください」と嘆願したという。

キリンの営業マンの仕事は、商品の「売り込み」ではなかった。どの卸にどのくらいの数を割り当てるかという「調整」、決定した数量の「通達」が彼らの仕事だった。

キリンの圧倒的なシェアを支えていたのは、全国に広がる酒販店だ。

当時は酒販店でしか酒類を購入できなかった。また、キリンを筆頭に大手4社のビールはどの酒販店で購入しても同じ値段だった。

かつて、酒販店は各家庭までビールを配達していた。漫画「サザエさん」に、三河屋の「サブちゃん」が、瓶ビールが20本入ったビールケースを軽トラックで配達する場面があるが、こうした光景が当たり前だったのだ。そして酒販店が配達するのは、ほとんどが「ラガー」だった。

しかしその後、酒の販売流通の仕組みは大きく変わる。桑原が予想した通り、酒販免許は89年から段階的に規制緩和されていく。03年には実質的に自由化され、スーパーやコンビニエンスストアで気軽に酒を買えるようになる。すると、一般家庭への「酒の配達」も日本からほぼ消えてしまった。

酒販店の数も大きく減ることになった。80年代には全国で約15万店あった酒販店は、18年には3万7086店まで減少している。しかもこの大半は家庭向けではなく、主に飲食店向け、つまり業務用の店だ。家庭向けの店の多くは、コンビニに転換したり、後継者難などの理由で次々に廃業していった。

流通の仕組みが大きく変わったことは、キリンの「勝利の方程式」に大きな影響を及ぼした。

かつては圧倒的な人気を誇る「ラガー」を、卸に売っているだけでよかった。だが、いまや大手流通チェーンに直接売り込みをかけなければならない。「調整」と「通達」だけの営業は、もはや通用しなくなっていた。

桑原はこうした変化を見越して、キリンの黄金時代はもうじき終わりを迎え、やがて苦難の時代が来ると読んでいたのである。

「冬の時代」に備えるため、マーケティング部長に就任した桑原は、未来を切り拓《ひら》く新商品を開発し、会社を変えていこうと考えていた。

会社の危機は、絶頂期のうちに忍び寄るものだ。順風満帆《じゅんぷうまんぱん》の時代が長く続くほど、組織も人も変わろうとしなくなる。

世の中はいずれ変わる。売り上げはいずれ落ちる。頭ではそうわかっていても、組織全体を変えるのは難しい。

組織を変えることで、短期的にでも業績が悪化すれば、すぐに責任論が噴出する。社内の権力構造が変化することほど、「主流派」が嫌うものはない。

それでも、桑原や前田たちは、キリンを変えるために動き出していた。それが「ハートランド」の開発プロジェクトだったのである。

「前田は桑原さんを心から尊敬していました」

こう証言するのは、前田仁の妻、泰子《たいこ》だ。同じ指摘は、複数のキリン関係者からも聞かれる。

「桑原さんは前田さんの才能を見抜いていた。だから『責任は俺が取るから、好きなようにやっていい』と、前田さんにすべて任せていた。桑原さんがいたから、『ハートランド』のような攻めた企画が通ったんです」

そう語るのは真柳亮《まやなぎ》だ。前田より6期下の真柳は1979年入社。神戸支店に配属され、支店長の桑原のもとで「伝説の営業マン」として才能を開花させる。85年には本社事業開発部探索担当に異動。その後、広域販売推進部（通称・キリン特殊部隊）の初代部長として、精鋭部隊を率いて、外食チェーンなど大口顧客を攻略。その実績により、営業子会社だったキリンビールマーケティング副社長を務めることになる。

真柳が前田仁と出会ったのは85年だった。当時の真柳は本社勤務ながら、探索担当という名の「ブラブラ社員」。与えられた仕事はなく、新規ビジネスのネタを探し歩いていた。その真柳はのちに前田の片腕となっていく。

「万人受け」はつまらない

80年代当時、人々の価値観は猛スピードで多様化しつつあった。

少し脱線するが、自動車会社スバル（SUBARU）の販売戦略に触れておきたい。スバルの国内シェアは概《おおむ》ね3%、アメリカ市場でのシェアも同じくらいだ。世界シェアでは1%程度と、比較的小規模なメーカーである一方、「スバリスト」と呼ばれる熱狂的なファンがいることで知られる。

スバルの特徴は、その独自技術だ。伝統となった水平対向エンジン、業界に先駆けて実現した運転支援システム「アイサイト」など、独自の路線を追究している。

一方、マーケティングにおいても、独自路線をとっている。

スバルは定性的な調査手法の「エスノグラフィー」を駆使しているとされる。エスノグラフィーとは、調査対象の内側に入り込んで観察し、いわゆる「インサイト」（消費行動の核心となる心理）を見出《みいだ》していく手法だ。消費者アンケートなど定量的な調査手法とは真逆の手法といえる。

スバルのある技術幹部は、2010年から新型レガシィ発売の14年までの5年間、アメリカの一般家庭を訪問。そこでスバル車がどう使われ、どう思われているかを調査したという。調査時にはスバル社員であることを伏せていたという徹底ぶりだった。

調査の結果、スバル車を支持していたのは、弁護士などの富裕層やアーティストが多かった。レガシィをはじめとするスバル車は「一部のコアなファン」に売れていたのである。

一方、トヨタのカムリ、ホンダのアコード、現代自動車のソナタ、フォードのフュージョンといった車は、「万人受け」を狙っていた。

ただ「万人受け」を狙うと、「コアなファン」からは逆に支持されなくなってしまう。

「万人受けを狙うと、没個性となり、凡庸に見えてしまう」

スバルの首脳はそう考えていた。

「ハートランド」も、スバル車同様、「コアなファン」の獲得が至上命題だった。

当時、キリンの国内シェアは6割を超え、これ以上拡大すると独占禁止法に抵触する恐れがあった。そのため「量」を売るかわりに、「質」を狙ったのである。

とにかく大量に売ることが至上命題だった当時、「ハートランド」の販売戦略は極めて異質なものだった。

ちなみに、あくまで偶然だが、晩年の前田はスバル車に乗っていたそうだ。「ほかに面白い車がないから」と語っていたという。

5つの時代原理

80年代前半にキリンが発売した新商品は「ハートランド」だけではない。

80年には業界初の低アルコールビール「キリンライトビール」（アルコール度数3・5%、カロリー30%オフ）を発売。81年には、キリン初の生ビールを発売（業務用樽《たる》限定)。83年には、缶入り生ビール「キリン缶生」も発売している。
しかしながら、相変わらず生産量のほぼすべては「ラガー」という状況が続いていた。

キリンに「圧倒的なシェア」をもたらしていたのは「ラガー」だった。それゆえ新製品にそれほど期待しておらず、マーケティングにもあまり力を入れていなかった。

「当時は、ラガーと言わず、キリンビールと呼んでいました」

キリンのマーケティング部に在籍していた太田恵理子はそう証言している。

「メーカー名=ブランド名」という認識が当時は一般的だった。「ラガー」を買う場合、酒屋で「キリンビールください」と注文すれば通じたのである。

逆に「ビールをください」と言うと、「ラガー」なり「サッポロびん生(89年からは黒ラベル)」なり、適当なビールを酒屋のほうで選んで出し、消費者もそれをそのまま買う時代だった。

ビールの値段は高級ビールのサッポロ「エビス」を除けばすべて一緒だったから、それで問題はなかった。

「ハートランド」はそんな時代に登場したビールだった。

83年9月に始まった開発プロジェクトを担当したのは、キリンのマーケティング部で課長を務める上村修二と、新入社員の太田恵理子。のちに漫画家「しりあがり寿《ことぶき》」として有名になる望月寿城《としき》と前田仁もあとから加わる。

84年夏、上村は太田にこう質問した。

「プロジェクトの進捗《しんちょく》が思わしくない。メンバーを追加したいが、誰がいいだろうか」

太田はすぐ、「前田さんがいいと思います」と答える。

太田は東京大学文学部社会心理学科を卒業し、83年にキリンに入社。すぐマーケティング部に配属されている。現在はキリン社内の調査機関、キリン・ウェルビーイング・デザインラボのシニアフェローとして、消費者の生活行動調査を担《にな》っている。

一方、73年入社の前田は、大阪で業務、営業の仕事を経験したのち、80年にマーケティング部へ異動していた。本社にマーケティング部が発足したのと同時だった。

プロジェクト発足時は清涼飲料を担当していた。その頃の前田について太田はこう証言する。

「前田さんはちょっとクセのある人でした。作る商品も変わったものばかり。大きな病気で休職したせいか、少し斜《しゃ》に構えたところがありました。一方、誰に対しても自分の意見を曲げない、芯《しん》の強い人だとも感じました」
　プロジェクトチームに加入した前田は、さっそく「ハートランド」の商品コンセプトを作ってくる。

「素（もと）＝もの本来の価値の発見」

　前田が鉛筆で手書きした紙には、そう書かれていた。
　この時、前田はコンセプトとともに、「これから時代は何を求め、どう動くか」を整理した、「５つの時代原理」も示している。

①個としての確立を目指す時代
②能動的情報判断力を目指す時代
③人間の感性を再開発する時代
④新しい本物が求められる時代
⑤Less is More（過剰装飾、過剰機能の商品より、無駄なものを取り去ったシンプル、ナチュラルが求められる）になる時代

前田はすでに、「大量生産・大量消費の時代が終わり、心を動かす製品の時代へ移る」ことを、明確に捉《とら》えていた。

「ハートランド」の裏コンセプト

「大量生産・大量消費」は当時の常識であり、前田のコンセプトはそれを真っ向から否定するものだった。だが、桑原はそれを強く支持する。

こうして「ハートランド」は、「量より質を追及し、コアなファンに愛されるビール」として開発されることになった。

その方針は徹底していた。「ハートランド」の開発では、大学教授やアーティスト、編集者といった「時代を先取りする人々」だけにアンケート調査を行う。

パッケージデザインにも高いクオリティを求める。コンペにはのちに衣装デザイナーとして世界的に有名になる石岡瑛子《えいこ》も参加していた。

ビールの中身にも、前田は徹底的にこだわった。

ビール開発では、試験的な醸造（試醸）を何度も繰り返しながら、味を調整していく。「ハートランド」開発では、その試醸の回数が50回以上にも及んだという。「ラガー」は重厚な「苦い」ビールで、男性を中心に人気だったが、その苦さが敬遠されがちでもあった。

一方、「ハートランド」は、苦くない、スッキリした味わいを目指した。高価だが香りが華やかなアロマホップだけを使用し、麦芽１００％ながらスッキリした味わいを実現している。

中身やパッケージには徹底的にこだわる一方、テレビＣＭを当初は一切打たなかった。

実は、「ハートランド」には、「お客様に見つけさせる商品」という「裏コンセプト」があった。

「ハートランド」は、量を売る商品ではない。前田が考えていたのは、質で「ラガー」を上回ることだった。

そのため、「ハートランド」の販売戦略は、特定の人に深く刺さることを目指した。それによって「ラガー」に代表される、戦後のビール文化を変えようとしていたのだ。

中途半端《はんぱ》に一般受けしようとすると、ブランド価値が下がってしまう。前田はそう考えていたのである。

そのため、前田は東京限定販売を提案していた。「ハートランド」は、保守的な気風が強い地方では受けないだろうと思っていた。

地方でも受ける、「一般受けするビール」にすると、「ハートランド」のとがった部分が消え、「時代を先取りする人々」の支持が得られない。

「田舎では売れないタイプのビールでした」

と、太田は証言する。

二足のわらじ

時代を先取りしすぎたせいか、「ハートランド」は営業部門の猛烈な反発を招いてしまう。

ビール会社は営業中心の組織だ。当時のキリンでは、同じ「ビール事業本部」の中に、「営業部」と「マーケティング部」が組織図上では同列に並んでいた。ただ、実際には営業部の力のほうが強かった。

「東京限定にしても、越境して埼玉や神奈川から買いに来た時はどうするのか。混乱が生じ、特約店（卸）やお店に迷惑がかかる」

「最初から全国発売したほうがわかりやすい」

といった、後ろ向きの意見が多数寄せられてきた。

営業部が嫌うのは、何よりも「変化」だった。桑原は営業出身だったが、営業部内には桑原の過激な言動に反発する人間も多かった。

桑原の力をもってしても、営業部のコントロールは難しかった。結果、前田の提案は却下されてしまう。

次善の策として前田が打ち出したのが、「ハートランドを直営店『ビアホール・ハートランド』だけで提供する」という戦略だった。

太田はこの間の事情を次のように語る。

「営業部の反対で、プロジェクトは八方塞《ふさ》がりに陥りました。その中でもなんとか代案を出し、プロジェクトを実現できたのは、前田さんのおかげでした。もともと芯の強い人でしたが、あれほどのパワーを発揮できる人とは思っていませんでした。きっと、難しいプロジェクトを通じて、前田さん自身も成長していったんだろうと思います」

「ビアホール・ハートランド」は、画期的なお店だった。

「キリン」の看板などはなく、ぱっと見ただけでは、キリンの直営店舗とはわからなかった。そのため、来店客は、ビールの素直な感想を語ってくれた。

そうして得られた貴重な「インサイト」を、商品開発に活用する。「ビアホール・ハートランド」の狙いはここにあった。まさに、スバルが得意とする「エスノグラフィー」の手法そのものだった。

太田恵理子は、次のように語る。

「『ハートランド』は、日本におけるエスノグラフィー活用のはしりでした」

また、時代を先取りする、最先端の文化拠点となった点も、「ビアホール・ハートランド」の画期的な点だった。

二つの建物のうちの「つた館」では、音楽や舞踏、演劇などのライブイベントが開催されていた。「穴ぐら」でも、現代アートなどの展示が行われていた。

当時のアーティストからは「ハートランド・ギャラリー」と呼ばれ、アーティストたちの交流の場となっていた。

プロジェクトには電通も参加していたが、イベントを含めて、店舗運営の一切を取り仕切ったのは前田だった。

プロジェクトのメンバーだった望月寿城は次のように語る。

「ビアホールの候補地を探して、前田さんと一緒にあちこち歩きまわりました。刑事ドラマの撮影でよく使われていた、横浜の赤レンガ倉庫にも行きました」

望月は81年に多摩美術大学を卒業、キリンに入社しデザイナーとして働いていた。73年入社の前田にとって、年の離れた弟のような存在だった。

望月は94年にキリンを退社し、その後は漫画家「しりあがり寿」として活躍する。

前田はみずから「ビアホール・ハートランド」の初代店長も務める。マーケティング部に籍を置きながら、オープンから87年４月20日までの約半年間、店長を兼務していた。

その頃の前田は、当時原宿にあったキリン本社に朝９時に出社すると、通常の仕事をこなす。夕方か、時には昼前から六本木の「ビアホール・ハートランド」に移動し、スーツからお店のユニフォームに着替えて、閉店まで店に立っていたという。

お店の閉店は24時だった。しかも、アルバイトは終電までに帰さなければならない。その後の後片付けは前田の仕事になった。

終電が終わったあとの深夜、前田はスーツに着替え、お店の戸締まりをして、ようやく帰路につくのだった。

「前田さんは、どんな時でも飄々《ひょうひょう》としていました。ビアホール店長の経験などありません。それなのに、ライブハウスであり、美術館でもあるような運営の難しいお店を仕切っていたのです。しかも、前田さんは少しも不慣れなところを見せませんでした」

望月は当時の前田をそう語る。

大きな賭け

前田を敬愛していた真柳は、「ビアホール・ハートランド（穴ぐら）」の開店初日に客として訪れた。

真柳が当時交際していた婚約者（現在の夫人）と二人で食事をして、レジで会計をした。その時、前田はニタニタ笑いながら、こう言ったという。

「お客さんは君たち二人だけ。あと、僕が少し自腹で飲んだ分も入れて、しめて3800円。オープン初日の売り上げはそれだけだ」

それを聞いて、真柳はさすがに心配になったという。ただ前田はこう添えた。

「ハートランドはネットワークで売っていくつもりなんだ。だから、最初はお客さんが来なくても仕方がない。いずれは満員になる」

当時を振り返って真柳は語る。

「前田さんはうっすら笑みを浮かべていて、自信たっぷりに見えました。だから、そういうものかと安心したのを覚えています」

スマホはもちろんネットもSNS（ソーシャルネットワーキングサービス）も、パソコンすら普及していない時代だ。ネットワークといっても人から人への口コミが中心だった。

前田は当時、どうすればメディアを使わない宣伝ができるかを研究していたという。

「ハートランドプロジェクトをやっていた時、随分考えたことがあります。どうしたら口コミを起せるか。どうしたらペイドでないパブリシティーができるかを」（2003年4月8日作成の前田仁の講演録「思考の技術について」より引用）

その結果、前田がたどり着いたのは、次の6つのポイントだった。

①一つの商品にたくさんの情報価値＝語りたくなる、伝えたくなる価値を盛り込む

②発信しようとする情報を受け手の身になって考える、整理する

③時代を読む
④関与者を多く作る
⑤即効性のあるメディアほど情報感度は鈍い。雑誌↓新聞↓ラジオ・テレビの順番を意識する
⑥追い駆けるより追い駆けさせる構造を作る

いまでも通用する手法に、前田は80年代半ばから取り組んでいたのだ。

真柳には「自信たっぷり」に見えたものの、実際は不安もあったようだ。店長になる少し前、前田は妻の泰子に次のように話していたという。

「会社や仕事について家ではほとんど話さない人でしたが、ちょうど3人目の子供が私のお腹《なか》にいた時、こう言っていました。『ビアホール・ハートランドの店長をやることになった。コケたら自分は会社を辞めなならん。でも、他人に任せてコケるのは、どうしてもイヤなんや』。前田はハートランドをとても大切にしていました。あの人の原点だったと思います」

当時は終身雇用の時代だった。会社を辞める意味は、いまよりも重い。

会社では飄々としていたが、前田にとっては「大きな賭け」だったのだろう。

売れ筋を変える

「ビアホール・ハートランド」は、前田にとって、格好の「実験室」となった。オープンしたものの、相変わらずお客の入りは悪かった。その対策として、前田は1カ月に1度メニューを改定することを提案する。

普通の飲食店の場合、メニュー改定は半年に1度か、せいぜい4半期に1度だ。それを毎月変えるとなると、スタッフの負担は大きい。コックからは反発もあったという。

なんとかメニュー改定を飲んでもらうことになったが、チーフコックが実際に入れ替えたメニューは、売り上げの悪い不人気メニューだけだった。

だが、前田は売れ筋商品を入れ替えることにこだわったという。

コックの負担は相当だったようだ。チーフコックはストレスで一時メニエール病を発症したという。ただ、それを乗り越えてからは、メニュー改定作業を楽しんでくれるようになった。

なぜメニュー改定にこだわったのか。前田はこう書き残している。

「何処《どこ》の業態でもPOS（注：販売時点情報管理）が行き渡っていますので、瞬時にABC分析ができます。所謂《いわゆる》『売れ筋、死に筋』分析です。通常は売れるものを残し、売れないものはカットして入れ替えます。しかし、よく考えてみるとこれでは新しい売れ筋は生まれません。ABC分析は、限られた商品群の中での売れ筋、死に筋分析です。他にもっと売れ筋があるかも分かりません。従って、Cランクの商品やメニューの入れ替えではなく、Aランクのものをリフレッシュすることこそ重要です」（「思考の技術について」）

ABC分析とは、在庫管理などに使われる手法で、金額や売り上げなどの指標のうち、重視する点に基づいて、A・B・Cの3グループにランク分けする。通常、売れない「Cランク」商品をあぶり出して、売れ筋と入れ替えるために用いられる。

だが、前田はそれでは不十分だという。Cランクだけを入れ替えていては、Aランク商品はいつまでも同じままだ。売り上げのいいAランク商品でも、いずれは必ず飽きられる。そもそも現状のAランク商品より、売れる商品があるかもしれない。

「ABC分析を、商品入れ替えのツールとしてみるか、売れ筋作りのツールとしてみるかで大きな違いが生れます。あるところで、この話をした人から、『よく分かるが、キリンさんはラガーという売れ筋をリフレッシュしてきませんでしたね。』と皮肉られました」(「思考の技術について」)

この頃から、前田は「ラガー」に代わる商品について、思いをめぐらせていたのかもしれない。

前田の努力が実り、「ビアホール・ハートランド」は、やがて活況を呈し始める。ライブやアート目当てのお客も増え、来訪者数は右肩上がりに増えていった。「いずれお客さんが溢《あふ》れる」という前田の予言は的中した。

旧経済企画庁(現内閣府など)によると、バブルの始まりは86年12月。ちょうど「ビアホール・ハートランド」のオープンと同時期だった。

そのころ、バブルに沸いていた六本木では、若者を中心に、雑多な人々が深夜まで集まっていた。

前田は、閉店後、売上金をバッグに仕舞い、六本木交差点の角、俳優座劇場の隣にあった三菱銀行六本木支店(当時)の夜間金庫まで毎夜運んでいた。

売上金は大抵100万円を超え、多い時には200万円ほどあった。酔って浮かれている人混みの中を、大金を持って歩く間、前田は相当気を使っていたという。

「『石橋をたたいても渡らない』といわれたキリンにとって、ビアホール・ハートランドは革新的でチャレンジングな取り組みでした」

前田と同じ73年入社で、当時は生産部門にいた松沢幸一はこう指摘する。松沢はのちにキリンビール社長に就任し、その後キリンを離れ、明治屋社長を務める。大学院卒のため年齢は前田より上だ。

「ビアホール・ハートランド」の大きな特徴として、期間限定の店舗だったことも挙げられる。再開発予定地の古い建物を使っていたため、再開発工事が始まると営業できない。そのため、当初より2年5カ月という期限つきでスタートしていた。期限は2回延長されたが、90年12月には閉店することになる。

閉店までの4年2カ月で「ビアホール・ハートランド」を訪れた総来場者数は、実に56万人にも及んだ。

前田仁は、賭けに勝ったのである。

第2章　大いなる助走

船場《せんば》のボン

前田仁は1950年2月1日、富士山を望む山梨県南都留《みなみつる》郡西桂《にしかつら》町（当時は西桂村）に生まれる。いわゆる団塊世代の最終学年だ。一人息子で、1歳上にはしっかり者の姉がいて、下に妹が二人いる。

西桂町は県東部の郡内《ぐんない》地方に属し、富士吉田市と都留市の間に位置する小さな町だ。父親の前田唯一《ただいち》は、郡内地方の特産だった機織物《はたおりもの》（郡内織）を全国に販売する事業を営んでいた。郡内織は縞《しま》模様が特徴的な絹織物の一種だ。

唯一は仕事で頻繁《ひんぱん》に通っていた大阪船場で、母親・博子と知り合う。博子は船場でいう「いとさん」。つまり上流商家の娘だった。

唯一と博子は、あまり時間を経ずに結婚。博子は西桂町に嫁ぐ。しかし、太平洋戦争が始まると唯一は徴兵されてしまい、中国大陸へと渡る。その後、南方戦線へ送られ、インドネシアにあるモルッカ諸島のハルマヘラ島という、四国ほどの島で終戦を迎える。

ところが、唯一は同地でマラリアに感染し、帰国が遅れてしまう。日本に帰ってきたのは終戦から2年も経《た》ってからだった。

「なかなか帰ってこないね、と家族は半ば諦《あきら》めていました。そんなところに、ひょっこりと（唯一が）帰ってきたそうです」

と、前田の妻、泰子は話す。

戦後の混乱期に、唯一は事業に復帰。生活のため必死に働く中、長男の仁らが生まれた。

唯一は郡内織を販売するほか、屋敷の中で蚕《かいこ》を飼っていた。毎年初夏になると、家中に蚕棚が設《しつら》えられる。蚕は成長が早く、一晩中、桑の葉を食べ続ける。6月といえば梅雨の長雨がつきものだが、蚕が桑の葉を食べる音は、雨が大地に降り続く音に似ていたという。

蚕はやがて繭《まゆ》となり、出荷される。その繭からつむいだ生糸《きいと》が、安価で上質な郡内織となって、最終的に西日本にまで流通されていた。

高度経済成長が始まりかけていた58年、前田唯一は事業の拡大を目論《もくろ》み、大阪市へ引っ越した。この時、仁は小学2年生だった。

それに合わせて、仁は大阪の南区（現中央区）にあった市立道仁《どうにん》小学校（87年に南小学校に統合）に転校する。

道仁小学校は小規模ながら、児童の個性を尊重する校風だったようだ。2月生まれの仁は級友に比べて身体《からだ》が小さかった。おまけに地方からの転校生とあって、都会の学校に馴染《なじ》めるか心配されたが、仁少年は気後《きおく》れしなかったようだ。

「お調子者だったと聞いています」

と、妻の泰子は語る。

ただ、勉強はしっかり者の姉に似てよくできたという。人望もあり、学級委員を務めた。

前田が4年生の時の文集に、大相撲大阪場所を前に、力士が自宅近くの寺庭で稽古《けいこ》する様子を描いた「すもうのけいこ・4年3組　前田仁」という短文が収録されている。

柏戸《かしわど》（最高位は横綱）と北葉山《きたばやま》（最高位は大関）が10番を取り、「柏戸が6回勝った」「きりゅう川（鬼竜川・最高位は前頭六枚目）にサインをもらった」「鏡里親方が正面に、

『どすん』とすわっていた」「見ているうちに、日が、ぽかぽかとてりつけて、あたたかくなって来た。もう春だなあと思った」などと記されている。

小学４年生ながら、出来事を正確に記録しようという冷静な眼差《まなざ》しが感じられる。

屈折を抱えた少年

その後、前田は市立高津《こうづ》中学校へと進む。体育の授業で柔道をやるが、身体が小さく、柔道着を着るとぶかぶかだったそうだ。

ただ、身長は中学校で急に伸び始めた。父親の唯一は１８０センチと、当時としてはかなり長身。前田仁も最終的に１７７センチまで成長する。

もっとも、数字に正確な前田にしては、身長に関してはあまり正確ではなかったようだ。

「僕には１７９センチだと言っていた」

と、前田の第2子で長男の佑介は証言する。佑介は84年生まれだ。

それはともかく、身長が伸びたおかげか、前田はスポーツが得意だった。もっとも、バレーボールやテニスなど運動部を転々とし、一つの競技に打ち込むことはなかったようだ。

スポーツ以外では版画も得意だった。大人になってからはさまざまな商品を手掛ける器用さを発揮したが、その萌芽《ほうが》はこんなところにも現れていた。

ちなみに結婚後、前田仁と妻の泰子には、こんなやりとりがあったという。

「お父さんは何やらしても器用やねぇ。一つのことを一生懸命やれば、一流になれるのに」

「いや、残念ながら俺は一つのことが続かないたちなんだ」

部活を転々としたのは、家庭の事情も影響していたらしい。中学、高校時代、父親の唯一は二度にわたり、経営する会社を破たんさせている。いずれも繊維関係の会社だった。

一家の危機を、前田仁は思春期に経験する。のちの前田には、内側にどこか屈折が感じられたが、もしかするとこうした経験が影響したのかもしれない。

外側だけを見れば、大阪の中小企業の「ボン」として、不自由なく育ったようにも見える。だが、家業の破たんで、前田の生活は一変してしまった。前田家に対して手のひらを返す手合いもいただろう。羽振りがよかった人間が落ちぶれると、急に態度を変える人間が現れるものだ。

「人前で弱みを見せるのを嫌う人でした」

と、妻の泰子は指摘する。

結局、唯一は事業を諦め、友人の会社に就職し、サラリーマンとなる。

ちなみに前田自身は、移り気でいいとは思っていなかった。

前田の長女、亜紀（83年生まれ）はこう証言する。

「私が陸上部、佑介がサッカー部、周吾（次男・87年生まれ）がバレー部と、中高を通し子供たちが一つの部活に打ち込んだことを、父は陰で褒めていたようです」

その後、前田仁は府立高津高校へ進学する（同級生に伊藤忠の岡藤正広会長がいた）。団塊世代の最終学年だけに、1学年に約550人もの生徒がいた（現在の高津高校の募集人数は24年度で360人）。

高津高校を卒業後、前田は1年浪人したのち、関西《かんせい》学院大学経済学部へ進む。

「前田さんは関学アメフト部で甲子園ボウルに出場し、大学日本一になった」

という「伝説」がキリン社内にあったというが、それは間違いだ。実際はサッカー同好会に所属していた。のちの前田はサッカー好きで知られたが、それは大学時代に培《つちか》われたようだ。

父親の唯一はこの頃に体調を崩し、会社を休職する。その影響で前田は1年間、奨学金の給付を受けたそうだ。

前田仁がキリンに入社したのは73年。就活はその前年だったが、当時のキリンは約6割の販売シェア（72年には60・7％）を誇る超安定企業。三菱グループにつらなる会社でもあり、就活生には絶大な人気があった。

「落ちると思ったけど、どういうわけか通った」

前田仁は妻の泰子にそう話していたという。

実は、父・唯一の「戦友」の働きかけで、スーパーゼネコンの内定ももらっていた。しかし、前田仁は自分の力で就職したかった。その上、最初に内定をくれたのがキリンだったので、キリンを選んだという。

もしこの時、別の会社に入社していたら、「一番搾《しぼ》り」も「ハートランド」も「淡麗」も存在しなかったと思うと感慨深い。

花の73年入社組

前田仁が関西学院大学経済学部を卒業し、キリンビールに入社したのは、1973年4月のことだった。同期入社は76人、事務系と技術系とが、ほぼ半々だった。

前田と同期入社の松沢幸一によれば、入社式は当時、東京都中央区京橋にあったキリン本社で行われた。

翌日、場所を日比谷公会堂に移し、有識者による講演会があったが、「あまりに退屈だったので、私はずっと寝てました」と松沢は述懐する。

松沢のほかにも、高知支店長などを経てキリンビール副社長になる田村潤、キリンホールディングス（ＨＤ）常務まで昇進する古元良治、協和キリン副社長を務める山角健など、73年入社組は豊作だった。

ただ、最初から順風満帆だったわけではない。半年後の73年10月に第４次中東戦争が勃発《ぼっぱつ》。石油価格が急騰《きゅうとう》し、オイルショックが発生した。

74年入社組は就職活動を終えていたため、オイルショックの影響を受けず、73年世代に引き続き大量採用された。だが、これが新卒大量採用の「最終便」だった。75年以降、日本企業全体が、新卒採用を絞り始める。

「独身寮の風呂場《ふろば》が、入社２年目から空《す》くようになった」

と、松沢はしみじみ語る。

キリンの場合、73年には技術系だけで40人近く採用していたが、75年にはわずか４人に激減している。

アサヒビール元社長の樋《ひ》口《ぐち》廣《ひろ》太《た》郎《ろう》は、社長在籍中の91年に、筆者に向かって次のように分析してみせた。

「戦後生まれの団塊世代が、大人になって初めて飲んだビールがキリンのラガー。60年代後半に一番売れていたのがラガーだったからだ。団塊世代はその後もラガーを飲み続けた。だからキリンは6割を超えるシェアを維持できた」

ただ樋口はこの時、続けて次のようにも語っていた。

「アサヒはその子供の団塊ジュニア世代を、スーパードライで攻める」

さて、入社式のあと1週間ほどの研修を終えると、前田仁は大阪市東区（現在は中央区）伏見町のキリン大阪支店（87年から支社）業務課に配属された。

問屋から注文を受け、伝票を起こし、工場に発注する内勤の仕事だった。コンピューターが普及していない時代のこと、事務処理は紙で行われていた。その仕事を正確かつ迅速に処理することが求められた。

のちに前田の妻となる泰子も、大阪市内の高校を卒業し、同じ大阪支店の総務部に配属されていた。総合職と一般職の違いはあるが、同期入社である。

前田の第一印象はあまり良くなかったと泰子は語る。

「話は上手だけど、調子が良すぎてイヤな感じだな、と思いました」

前田仁と泰子はともに内勤だったので、頻繁に顔を合わせることになる。組合活動でも一緒になることが多かった。そのうち前田の印象が少しずつ変わっていったという。

前田は大阪支店時代に登山サークルに入っていた。サークルには10代と20代の社員を中心に十数人が参加していた。

サークルでは頻繁にアルプス登山を行っていた。

標高2763メートルの燕岳《つばくろだけ》登山の場合、金曜の午後7時に大阪駅に集合し、夜行列車で信濃《しなの》大町へ。早朝に到着すると駅前食堂で朝食。その後すぐ登山を開始。前田の指示で隊列を組み、急な登山道を登る。

日没前に山頂近くの山小屋に到着。雑魚寝《ざこね》して早朝4時に起床。尾根伝《づた》いに登り、山頂で朝の御来光を仰ぐ。その後は下山し、帰阪して月曜朝には全員出社をする。

なかなかの強行軍だが、ある時、脚に障害を持つ20代の女性社員が参加を希望したという。

前田は「わかりました。なんとかします」と言って、自らを含む男性メンバーで代わる代わる背負って、彼女を山頂まで連れていったという。

前田のこうした姿を見て、泰子の印象は大きく変わったという。

「ただのお調子者じゃなく、本当に優しい人なんだ……」

がん発見

前田は5年間、業務課で内勤の仕事をしたのち、78年4月からは大阪支店の営業職に転じた。南区、浪速区《なにわ》、天王寺区、東成区と、コテコテの「大阪」エリアを担当し、成果を上げる。一方の泰子は総務部で働き続ける。

当時の総務部では、受付や総務事務のほか、支店長の秘書的な仕事も担当していた。その大阪支店長に本山英世《ひでよ》が就任したのは、79年2月28日だった。本社の取締役事業開発部長からの異動である。

本山はキリンの「カリスマ」だった。大阪はアサヒの「牙城《がじょう》」だったが、若き日の本山は大阪の有力特約店（卸）に食い込み、際立《きわだ》った実績を上げた。その後、本山は84年にキリン社長に就任し、「キリンの天皇」と呼ばれることになる。

本山は25年生まれ。アサヒビール元社長の樋口廣太郎と同学年だ。日暮里《にっぽり》の開成中学（現開成中学・高校）から当時のエリートコースである陸軍士官学校に進み、戦後は東京商科大学（現在の一橋大学）を経て50年にキリンに入社している。

士官学校出のためか、部下には軍隊式に厳しく接するタイプだったが、秘書役の女性社員のことは娘のように可愛《かわい》がっていたという。

大阪支社で営業として2年間働いたのち、前田は80年3月に東京本社営業部・マーケティング部へと異動する。キリン本社は京橋から76年に原宿に移っていた。マーケティング部はまだ発足したばかりで、営業部の一組織だった（営業部から独立するのは81年）。前田はここでまず清涼飲料の新商品開発に従事する。「マーケティングの天才」としてのキャリアの始まりだった。

同じ80年3月に泰子はキリンを退社。5月に前田と結婚する。新居は埼玉県浦和市（現さいたま市）常盤《ときわ》にあった社宅だった。

幸せの絶頂を迎えたはずの前田を、予想外の不運が襲う。

80年11月、体調不良のため検査を受けた結果、早期のがんが見つかった。胃がんだった。泰子は妊娠していたが、ショックもあって流産してしまう。

東京や埼玉の病院を知らなかったので、前田は大阪に戻って手術を受ける。翌12月に国立大阪病院（現在は独立行政法人国立病院機構大阪医療センター）に入院し、胃を4

分の3切除することになった。

手術自体は成功だった。ところが、術後の経過が思わしくない。予定では3週間だった入院が長引き、結局退院できたのは81年3月だった。退院した時、前田は31歳になっていた。

「定期健診で引っかかっていたのに、再検査を受けなかった。それで発見が遅れたんでしょう」

と、泰子はしみじみ語る。

30歳の若さで大病を患ったことは、前田にとって大きな試練だったに違いない。

失敗の連続

「ジンさんは、自分の出世を考えなかった」

前田より8期後輩の望月寿城（しりあがり寿）をはじめ、前田を知るキリン関係者はこう口をそろえる。

ただし、10期下の太田恵理子は次のように指摘する。

「胃がんにもなったし、自分は学歴が低いからどうせ出世しないと思っていたのでしょう。ただ本心はまた違ったと思います」

「ハートランド」開発ののち、太田は夫の海外赴任のため、90年から3年間キリンを休職する。

当時キリンには休職制度がなかった。だが太田はこの時、人事部に直談判《じかだんぱん》し、「必ず復職します」と誓って、休職を認めさせたという。

この話を聞いた前田が飛んできて、太田に言った。

「休職なんて考え直すべきだ。太田さんの出世が遅れるじゃないか。3年間も会社を離れれば、その間に後輩が出世して、戻って来た時には君の上司になっているかもしれない。それでもいいのか」

太田は83年にキャリア入社している。男女雇用機会均等法が施行されるより前の話だ。その太田の前途を前田は案じたのだろう。

ちなみに当時、女性のキャリア入社組は出世しやすかったという。競争相手となる女性キャリアが少なかったからだ。

「出世に関心がなさそうな前田さんも、本音では出世したいと思っている」

と、太田は感じたという。

胃がんを克服した前田は、82年より清涼飲料の新商品開発を担当する。

自販機の普及により、売れ筋商品が変わり始めていた。そのため主力の「キリンレモン」と「キリンオレンジ」の販売が不振に陥り、すぐ売れる新商品が必要になっていた。

ところが、前田の新商品はことごとく失敗に終わる。

果汁飲料の「キララ」は、テレビCMに当時10代の原田知世を起用。水着姿の原田がプールで背泳ぎするシーンが話題となったが、販売は低調だった。

その理由を前田はこう分析している。

「素直に果汁だけにしておけば良いものを、少しミントを入れたために、お客様からは薬臭くてNO　GOOD（と言われた）」（『思考の技術について』）

前田は続けてトロピカルカクテル感覚の「コナ・ウインズ」、ワイン感覚の「エセラ」、炭酸飲料の「オフサイド」を続けて投入するが、いずれもヒットしなかった。

「時代として少し早かったように思います」（『思考の技術について』）

「マーケティングの天才」と称された男も、初めは失敗の連続だった。のちに前田は次のように振り返っている。

「お客様は、予定調和的なものには魅力を感じませんが、あまり先を行き過ぎた物もダメです。手の届く幸せではありませんが、手の届く満足、手の届く憧《あこが》れ、これがよく言われる『等身大の半歩先』です。しかし、半歩先も、『大衆と先端』の両方が分からないと落とし処《どころ》が分かりません。何時《いつ》も先端に接していることが必要ですし、極端に言うと、先端の実感を摑《つか》む為《ため》には、あえて先端を商品化しないと分からないとも言えます。匙《さじ》加減を摑むと一口に言っても悩ましいところです」（「思考の技術について」）

桑原学校

前田がマーケターとしての才能に目覚めるきっかけとなったのが「ハートランド」プロジェクトだった。特に、マーケティング部長の桑原通徳が上司になったことが大きかった。

サラリーマンが能力を発揮できるかどうかは、上司に左右される。その点、前田はよき上司に恵まれたといえる。

「よき上司」を定義するのは難しいが、「部下の育成に長《た》けている」ことは重要な要素といえるだろう。

実際、桑原は前田をはじめ、多くの人材を育てている。

キリンHD社長から2024年3月に同会長になった磯崎功典《よしのり》(77年入社)は、桑原が神戸支店長だった頃の部下だ。

「伝説の営業マン」と呼ばれた真柳亮(79年入社)、キリンビール元社長の布施孝之(82年入社)、92年から96年までキリンビール社長を務めた真鍋《まなべ》圭作(55年入社)もまた、桑原の弟子にあたる。

桑原は88年に常務取締役として大阪支社長(87年11月から名称は支社)に就いている。その時の部下には、キリンビバレッジ社長から22年にキリンビール社長に転じた堀口英樹(85年入社)、キリンHD執行役員を務めた堀伸彦(87年入社)らがいた。

桑原の教え子はキリンだけにとどまらない。

湖池屋《こいけや》社長の佐藤章は元キリン社員だ。82年に入社したのち、群馬で営業実績を上げる。その後、キャリア申告制度を利用し、90年にマーケティング部へ異動。この際、佐藤は前橋から大阪に赴き、当時大阪支社長だった桑原を訪ねた。

桑原は佐藤に向かって言った。

「成功体験を捨てろ。いままで学んできた知識や、既成の価値観を超えた新しいものを作りなさい。アンラーニングだ」

ただ佐藤はキリンビール時代にヒットを出せず苦しむことになる。その後、清涼飲料を扱うキリンビバレッジに異動し、水を得た魚のように活躍する。缶コーヒー「FIRE」、「生茶」、機能性飲料「アミノサプリ」と、99年から02年にかけて佐藤の商品が続けざまにヒットする。その後、佐藤はキリンビバレッジ社長を経て、湖池屋に移る。高価格のポテトチップ「KOIKEYA PRIDE POTATO」をヒットさせ、ブランドの建て直しに成功した。

その佐藤は桑原、そして前田を、生涯の師として思慕していた。

「伝説の営業マン」真柳が桑原の薫陶《くんとう》を受けたのは、神戸支店に勤務していた79年から80年代初めにかけてだった。

真柳は尼崎の独身寮に入っていた。寮には大阪支店の若手もいた。当時の大阪支店長は軍隊式の指導で知られる本山英世である。

真柳は桑原についてこう語る。

「桑原さんは『お前たちは好きなようにやっていい』と言って自由にやらせてくれた。だから神戸支店はいつも雰囲気がよかった。寮に帰ってもみんな明るかった。一方、大阪支店の面々は、表情も暗くていつも疲弊していました。当時、神戸支店で桑原さんの下にいた連中は全員が（グループ会社を含め）役員になっています。全員が全員できる人ではなく、できない人もいた。なのに出世できたのは、人の長所を伸ばす桑原さんの力のたまものでした」

既成概念を壊せ

前田は桑原のもとで徐々に頭角を現していく。その過程で、社内外を問わずさまざまな人々と交流し、人脈を築いていった。その一人が舞踏家の田中泯《みん》だった。日本経済新聞の「交遊抄」というコラムに、「舞踏からの触発」と題して、前田が田中について書いたことがある（11年2月28日付朝刊）。

前田仁と田中泯との出会いは、「ビアホール・ハートランド」の開業イベントで、舞踏公演を依頼したのがきっかけだった。

前田ははじめ田中の舞踏を理解できなかった。それでも、前田はそこで終わらず、何度も劇場に通って理解しようとした。そうやって見ているうちに、「途中、頭で理解しようとすることをやめると、舞踏が体の中にスーッと入ってくる感覚に襲われた」という。

前田はこう記している。

「この原体験は仕事上でも役に立ったと、今でも考えている。既成概念を壊し、新しいものを創《つく》るという点で踊りと商品開発は似ているからだ」

桑原は「成功体験を捨て、既成の価値観を超えよ」と言っていたが、この一文はその教えとも重なる。

「成功体験が大きければ大きいほど、忘れられない記憶として我々の中に刷り込まれます。周囲の環境が変わっていても、どうしてもその体験を捨てきれないのです。そして、大きな失敗を犯してしまいます。成功体験と同様に、我々は多くの既成概念にも取り巻かれて生活しています。その既成概念も、所与の条件のように我々の思考と行動を支配します。それから抜け出す為にはどうしたらよいか。何時《いつ》も自分の思考を真っさらにしておくことが必要です」（「思考の技術について」）

「自分の思考を真っさらにする」ため、前田は幅広くさまざまな人々と交流していた。田中泯のようなアーティストのほか、広告代理店社員、広告クリエーター、建築デザイナー、リサーチ会社の関係者など、実務家の人脈も広い。

「36歳の時、サラリーマンは一番いい仕事をしなさい」

と、前田はのちに自分の部下たちに話していた。前田が「ハートランド」を作ったのは、まさにその36歳の時だった。それほど前田は「ハートランド」に思い入れがあった。豊富な人脈も、ハートランドプロジェクトを通して培われた。

「個人的なことになりますが、私に『何が貴方《あなた》のいままでの仕事の中で印象的か、何が自分のバネになっているか』と問われれば、迷うことなく『ハートランドプロジェクト』と答えます。私の思考・行動・ネットワークの全《すべ》てを支配していると言っても過言ではありません」（『思考の技術について』）

80年代にキリンが商品化したビールの中で、いまでも販売されているのは「ハートランド」だけだ。キリンのビールとしては「ラガー」に次いで長い歴史を持っている。

「ハートランドと（90年発売の）一番搾りは、コインの裏表。ハートランドがインディーズなら一番搾りがメジャーレーベルです」

そう語るのはキリンビール企画部部長を務めた山田精二だ。89年入社の山田は、いまもなお前田を「師」と仰いでいた。

前田の思いは、「ビアホール・ハートランド」のアルバイトにも伝わっていたという。

「『ラガーだけに頼っているキリンへの危機感』は、ジンさんの言葉の端々に溢《あふ》れていました。『いまのままではいけないんだ』という危機感が、アルバイトの私たちにもビシビシ伝わってきました。ただ、ハートランドではキリンを救えないことも、ジンさんはわかっていたように見えました」

「つた館」オープン時からアルバイトとして働いていた浦郷雅裕《うらごうまさひろ》はそう語る。浦郷は当時、大学の英米文学部4年生で、1年間のアメリカ留学から帰国したばかりだった。

「ビアホール・ハートランド」の時給は1000円と、六本木の店という点を差し引いても、86年当時の時給としては破格だった。アルバイトは総勢30人ほど。ホールとキッチン合わせて常時20人前後のバイトと、前田をはじめキリンの社員が数名働いていたという。近くに大使館や外資系企業が多く、外国人客も多かったので、浦郷の英語力は役に立ったようだ。

浦郷はアルバイト面接で初めて会った前田の印象を、「ビール会社の社員というより、おっとりした大学教授のようでした」と振りかえる。

もっとも、それは面接時だけで、仕事が始まると「ジンさんは生粋の商売人でした。関西弁には迫力があった。アルバイトでも正社員のように、仕事をたたき込まれました」。

具体的には、①自分の店のように考え、必ずまた来店してもらう、つまりリピートを得るにはどうするべきか、常に意識すること。②客の名前、好みの飲み物や料理を覚える。③客がトイレや電話で離席した場合はビールを出さず、席に戻られるタイミングでビールを注ぎ、泡がビールの上にふっくらとのった状態で提供する……。

「個人営業の小料理屋のような対応をビアホールでしていました。お客様から『ホールの社員の方ですか？』とよく聞かれ誇りに感じました」

「料理、アート作品、生演奏等をトライ&エラーを繰り返しながら頻繁に変更し、小料理屋のような細かな接客を行う。宣伝をせずに口コミでリピーターを増やすにはどうすればいいのか。ジンさんが実際に総合プロデュースをし、何度も壁にぶつかりながら乗り越えていく生の姿を見ることが出来たのは、これから社会にでる学生には圧巻でした。ジンさんは本気で悩み、苦しみ、考え、試行錯誤し、挑戦し、修正し、また挑戦し、笑い、怒り、大喜びしている姿を見せてくれた。アルバイトの連中でも『この人、本気だ！』と伝わってきて、自分たちで自主的にどうすべきかを考えるようになりました。あんなサラリーマン、あんな大人に私たちアルバイトは出会ったことはなかった」と、浦郷。

浦郷は87年に大学を卒業して、一般企業に就職。その後、オーストラリアに渡り現地で起業する。

「ハートランド」の目的は、看板商品「ラガー」に安住し、変化を拒むキリンを変えることだった。

ただ、その狙《ねら》いとは逆の動きが起こる。

それは「ハートランド」を缶ビールにして全国発売する、という動きだった。「ハートランド」は「ラガー」に対抗する商品として、ファンだけに届ける「とがったビール」のはず。それを缶ビール化して全国で販売するのは、ブランド価値をみずから毀損《きそん》する行為にほかならなかった。

大量生産・大量消費の商品に仕立ててしまえば、「ラガー」と同じ土俵で闘うことになる。それでは「ラガー」に勝てるはずがない。「ハートランド」は「ラガー」の引き立て役に甘んじることになる。

しかし、「ハートランド」缶の全国発売は決まってしまう。

全国発売を決めたのは、絶大な力を持つ営業部だった。「ビアホール・ハートランド」が成功している以上、缶入り「ハートランド」も売れるだろうと考えたのである。

プロジェクトを成功させた結果、狙いと真逆の結果を招いたのは、皮肉というほかない。

前田にとって、一番思い入れのある「ハートランド」も、完全に成功したわけではなかった。ただ、そうした失敗の経験から、彼は将来の成功の芽を見出《みいだ》していく。

のちに前田は次のように記している。

「『自分の全知全能をかけて考えた商品や戦略、戦術』なら、たとえ期待通りの成果が出なくても、必ず次に繋《つな》がります。そういった失敗を大いに許し奨励する組織風土にしたいと痛切に思っています」（「思考の技術について」）

第3章　「スーパードライ」の衝撃

「どぶ板」の営業部隊

１９８７年3月17日、火曜日。

この日、関東にある約３万店の酒屋に、アサヒビールから新製品が宅急便で届けられた。瓶と缶が一本ずつ詰められ、説明書が添えられていた。

同じ日に、同じ条件で、すべての酒屋に新製品が送られること自体、業界初だった。それまで新製品の頒布《はんぷ》は営業マンが一軒ずつまわったり、問屋ルートで配送するのが普通だった。そのため最低でも2週間は必要だった。

しかし、アサヒのマーケティング部は同時頒布にこだわる。「小さな酒販店まで平等に扱うことで、モチベーションと競争心を高める」という狙《ねら》いがあったからだ。またヤマト運輸の小倉昌男が開発した宅急便の存在が、同時頒布を可能にしていた。

この新製品こそ「スーパードライ」だった。

「スーパードライ」は当初、関東・山梨の限定発売だった。販売目標は、年内に100万箱（1箱は633㎖の大瓶が20本＝12・66ℓ）。前年の86年に2億2534万箱を売ったキリンにとっては、問題にならないほど小規模だった。

80年代に入り、アサヒは経営危機に直面していた。81年にはリストラを断行。この時期には仕手筋による株式の買い占めにも苦しむ。

アサヒのシェアが10％の大台を初めて割ったのは82年で、この年のシェアは9・7％に落ち込む。83年が9・9％、84年が9・7％と、9％台後半で推移し、85年のシェアは過去最悪の9・6％へと失速する。同年のサントリーのシェアは9・3％だったので、ほぼ並走状態まで追い上げられた。

85年は、阪神タイガースが21年ぶりとなる奇跡の優勝を果たしたが、この阪神の活躍がなければ、アサヒはサントリーに抜かれ、業界4位に転落していたといわれている。

というのも、アサヒはタイガースと関係が深かったからだ。当時、西宮市の阪神甲子園球場ではアサヒしか販売しておらず、連日超満員のスタジアムで、アサヒのビールが飛ぶように売れていた。また当時、アサヒは「がんばれ！　阪神タイガース」という缶ビールを全国で販売。タイガースファンはこれを飲んで応援していたという。しかし、いつまでもタイガース旋風に頼っていられない。翌86年には「アサヒ生ビール」をリニューアル。「コクがあるのに、キレがある」というキャッチフレーズも人気を集め、シェアを10・1％まで戻すも、経営のピンチは続いていた。

そのピンチに奮起していたのが、アサヒの営業部隊だった。

高いシェアに安住するキリンとは違い、アサヒの営業部隊はまさに「どぶ板」を駆けずりまわっていた。

卸はもちろん、酒販店、飲食店、映画館、各種劇場、競輪場、バー、キャバレー、風俗店などなど、ビールを扱うところにはアサヒの営業マンが必ず訪問していた。

アサヒは一般家庭から相手にされておらず、その販売量の大半は飲食店などの業務用だった。ただ当時のビール市場は家庭用7割に対し業務用が3割（ちなみにコロナ前の19年の時点で家庭用が75％弱、25％強が業務用）。アサヒはその3割の市場で戦っていたため、売り上げは増えなかった。工場の稼働《かどう》率は低く、古いビールが流通在庫として滞留していた。

そんな状態でも、なんとかシェアの低下を防がなければならない。そのため、アサヒの営業担当者は酒販店に直接訪問し、一般家庭へ配達する20本入りのビールケースから、「ラガー」を1本抜いて、アサヒのビールに差し替えていた。時には、1本どころか2本、3本替えたり、大胆にも箱の四隅をアサヒと替えることもあった。「たまには違うのも入れておきました」などと、酒屋の配達員に説明してもらっていたという。

当時はビールをブランドで買う習慣がなかったので、こうした荒業《あらわざ》が可能だった。あるアサヒの辣腕《らつわん》営業マンは、土浦にあるストリップ劇場に朝から入り浸っていた。毎日かぶりつきに座り、最初は立ち売りのオジサンと、次に支配人と親しくなり、扱うビールをアサヒに替えてもらう。そのうち楽屋への出入りを許される。最後にはその劇場の「顔」のような存在にまで食い込むことに成功する。

その営業は踊り子たちから「ボク」と呼ばれ、可愛《かわい》がられていた。踊り子たちは多かれ少なかれ、人生の辛酸《しんさん》を舐《な》めている。そうした彼女たちの心の隙間《すきま》に彼は入り込んでいった。

「ボクって、アサヒビールの営業なんだ。なら、私たちがビールを売ってきてあげるわ。ねぇ、みんな」

「そうよ、一肌脱ぐわ」

「なに言ってるのよ、私たちもう脱いでるじゃないの」

「そうか、アハハハ」
と、こんなやりとりがあったかどうかはさておき、踊り子たちは行きつけの店で「私、ビールはアサヒしか飲まないの。替えてちょうだい」と言ってくれるようになった。

これが功を奏し、土浦でのアサヒのシェアが一気に上がったという。ちなみに、この辣腕営業マンは86年夏、スーパードライ開発チームへ異動。頒布に宅急便の使用を提案したのは、営業現場を知り尽くすこの男だった。その後、2010年にはアサヒ飲料の社長となる。

こうした一騎当千の営業マンが、当時のアサヒには大勢いた。

アサヒの強みは、こうした営業マンが組織的に動いていた点にあった。

アサヒは、営業が得た飲食店や酒販店の情報を共有する仕組みを持っていたのだ。家族構成、経営者の趣味、最終決定権者（家族経営の店ではおばあちゃんが決定権者というケースもある）、組合や町内会の人間関係など、代々の営業が足で得た情報が蓄積され、支店内で共有されていた。

「シェアは落ちていましたが、4社の中で営業力はアサヒが一番強かったと思います。厳しい環境は人やチームを強くします。アサヒの現場は全員が知恵を出し合っていました」

のちにアサヒビール社長になる荻田伍《おぎたひとし》はそう語る。

営業力で持ちこたえていたアサヒにとって、「スーパードライ」は、乾坤一擲《けんこんいってき》の新商品だった。

当時、アサヒは経営危機に陥っていた。もし「スーパードライ」が売れなければ、整理されていてもおかしくはなかった。

黙殺されたレポート

「これは大変なことになります！　スーパードライは脅威です！」

太田恵理子は、社内でそう訴えた。

キリンのマーケティング部に所属する彼女は当時、「ハートランド」プロジェクトのメンバーであると同時に、リサーチ業務も兼務していた。

定期的に実施している消費者調査から、アサヒの新製品「スーパードライ」がとんでもない商品であると、彼女は見抜いたのだ。

「スーパードライ」の発売直後の、87年4月上旬のことだった。

しかしながら、太田が話した男性社員は、聞く耳を持たない。

「太田さん、いつも冷静なあなたが、どうしちゃったんだ。スーパードライなんて恐れるような味じゃないよ」

「いえ、先日実施したグループインタビューで、女性がスーパードライを飲み始めていることがわかったんです。『ビールを飲まなかった妻が、スーパードライは苦くないから飲めると言っている。ずっと1人で晩酌していたが、最近は夫婦で楽しむようになった』と話す人もいました」

太田はそう訴えたが、男性社員は彼女の意見を頭から否定する。

「ビールの本質は、ホップと麦芽がもたらす、上質な苦味にある。スーパードライはアルコール度数が高めで辛口とうたっているが、アメリカンタイプというのか、バドワイザーのような薄い味だ。ビールの王道の味じゃない。男性には物足りないんじゃないか」

太田は反論する。

「それはメーカーの言い分です。『自分はラガーが好きだけど、家内がスーパードライに変えた』という声もありました」

それでも男性社員は納得しなかった。

「女性の力が強くなり、消費行動が変化しているんだな。だが、大勢《たいせい》に影響はないだろう。アサヒは工場を閉鎖している。多少売れてもそう簡単には増産できない。そのうち失速していくよ」

太田は懸命に説得を試みたが、営業部でも、マーケティング部でも、本社の男性社員たちの反応は鈍かったという。

そんな中、特に前田はスーパードライにまるで興味を示さず、上《うわ》の空であるように見えたと、太田は証言する。

前田が興味を持てないのも無理はなかった。彼の頭は「ハートランド」で一杯だった。

「ビアホール・ハートランド」は相変わらず盛況だった。だが営業部によって、缶入り「ハートランド」が87年4月に全国発売されてしまっていた。

太田は「スーパードライ」への危機感を募らせる。キリンの男性社員は、女性の動きを見くびっているように思えてならなかった。

「女性の社会進出が、スーパードライを後押しすると思っていました」

太田はいま、そう語る。

86年に男女雇用機会均等法が施行され、大手企業では女子総合職が誕生。女性の社会的な地位が向上する中、「スーパードライ」を女性が選んだ意味は大きかった。「スーパードライは苦くなく、女性に好まれる味でした。ただ、テレビCMはあくまで男性向け。作家・国際ジャーナリストの落合信彦氏（メディアアーティスト落合陽一の父）が、サングラス姿で登場し、硬派なイメージを演出していました。このあたりのバランス感覚がうまかったと思います」

太田はそう指摘する。

それまで主婦にとって、ビールは夫のために買うものだった。それが、「スーパードライ」の登場で、自分のためにビールを購入し始めていた。

前田は「スーパードライ」のヒットについて、こう記している。

「お客様の意識（イメージ）と実際の味の好みとにズレがあることが分かっています。（中略）スーパードライの成功要因の一つは、このズレを、企《たくら》んだのか偶然の産物なのか分かりませんが、巧《うま》く利用したことです。イメージはドライという名前が示す通り男性的で本格的、しかし、味はそれまでの主流であるラガーよりも軽く、ノンビターで飲みやすい。（中略）『お客様の実際の嗜好《しこう》トレンドはライト化、しかし商品に求めるイメージは本格的』。（中略）この『ズレ』を認識することが、お客様理解であり、ヒット商品を生み出すコツの一つだと考えています」(『思考の技術について』)

もっとも、きっかけを作ったのはアサヒの営業部隊だった。酒屋に通い、「ラガー」を1本だけ「スーパードライ」と交換するという地道な努力が実り、「スーパードライ」のよさに気づいた消費者が現れていた。

口コミは、世田谷区と杉並区在住の主婦から始まったという。

「ラガーをスーパードライにすりかえる作戦が、大ヒットの導火線になったのです」

と太田は証言する。

アサヒの営業部隊の泥臭い活動が、起死回生を呼び込んでいた。

「スーパードライ」の脅威を予測した者がキリン本社にはいた。開発したアサヒよりも早い段階で気付いたのかもしれない。なのに、その声をキリンは黙殺してしまった。

前田と太田の上司の桑原は、マーケティング部長として赴任した83年に、あるレポートを作成していた。

そのレポートは、精密な消費者調査をベースに、「ラガー」指名率の低下や、単身世帯の増加にともなう宅配率の低下、結果としてのキリンの凋落《ちょうらく》を予想していた。

「ラガー」のリニューアルなど、一定の対策を講じた場合でも、当時6割超だったキリンのシェアは「52％まで下がる」という衝撃的な内容だった。

「キリンはいずれ傾く」

それは桑原が神戸支店長だった頃からの持論だ。レポートはその主張を、調査データを用いて根拠づけていた。

しかし、繁栄に慣れきったキリン社内では、桑原のレポートは危険思想扱いされてしまう。

現実はこのレポートの通りに展開し、その後のキリンは凋落の一途をたどることになる。

住友銀行から来た男

1985年の年末。その年は阪神タイガースの優勝で、アサヒは首の皮一枚でシェア4位転落を免れていた。

その夜、サントリー第2代社長の佐治敬三は、銀座のバーで、40歳前後の若手幹部たちとウイスキーを飲んでいた。

そこに電話が入る。受話器を置いた佐治は幹部たちにこう言ったという。

「今度、住友銀行からアサヒ社長に来る男がわかった。警戒せなあかん人物やで」

「どうしてですか？」

「フットワークがええからや。社長室でジッとしとる奴《やっ》やない。きっと動きまわる」

「で、何という人ですか？」

「樋口廣太郎。いまは住銀の副頭取や」

樋口廣太郎が、旧住友銀行副頭取からアサヒビール顧問に就いたのは86年1月7日だった。その後、3月28日には社長に就任する。この時、樋口は60歳だった。

71年以来、旧住銀はアサヒに社長を送っていた。樋口はその4代目である。

社長に就任した樋口廣太郎は、都内の酒屋や飲食店を「アポなし」で訪問してまわった。一晩で20軒をまわることも珍しくなかったという。

「このたびアサヒビール社長に就任しました、樋口廣太郎でございます」

ややしゃがれた声でそう挨拶《あいさつ》してまわった。顔にはニコニコと笑顔を湛《たた》え、名刺を差し出しては、膝《ひざ》におでこがくっつくほど深々と頭を下げた。樋口の小さな体軀《たいく》はその都度、真っ二つに折れ曲がった。

樋口は京都の商家育ちで、根っからの商人だった。フットワークが軽く、腰は低い。

酒屋まで営業しないキリンに比べて、アサヒは社長みずからわざわざ挨拶にやってくる。樋口の訪問を受けた店主は腰を抜かすほど驚き、結果アサヒのファンになっていく。

トップ交代と合わせて、アサヒは「新アサヒ生ビール（通称・マルエフ、またはコクキレビール）」を2月19日にリニューアル発売し、これがヒットする。おかげで86年のアサヒは、年間販売量を前年比12・0％も伸ばした。業界4社の平均5・9％増を大きく上回る好成績だった。

シェアも10・1％（85年は9・6％）と5年ぶりに10％台に戻す。

「マルエフ」がヒットしたのは、84年夏から85年にかけて、東京と大阪でそれぞれ5000人を対象に実施した消費者嗜好調査のたまものだった。

樋口の前任社長である村井勉は、部長たちの読書会と、その後の飲み会を非公式に開いていた。その席上で、「一度原点に戻り、お客様がどんなビールを求めているのか、徹底的に調べてみよう」という方針を決めていた。

ただ、当時のアサヒには、大規模な調査を行うお金がなかった。そのため、社員が酒屋の店頭に立って、アンケートを実施したという。

こうしてアサヒは徹底的に「お客様の声」を集めていった。「時代を先取りする一部の人」だけ調査した「ハートランド」とは真逆のアプローチだった。

調査から、「ビールを飲む人の多くは、軽快で飲みやすいタイプを求めている」「この傾向は20代や30代ほど顕著」という結果をアサヒは得ていた。消費者のビールの好みはいつの間にか変わっていたのである。

背景には、日本人の食生活の変化があった。世帯当たりの油脂の消費量は60年からの20年間で約2倍に跳ね上がった。魚を食べていた日本人は、高度経済成長によって、ハンバーグなどの肉類を多く食べるようになった。洋食化が進んでいたのである。

一方、それまで日本のビールは麦芽100％で重厚な味わいのドイツタイプが主流だった。それは明治期にドイツから技術を学んだことからきている。

アサヒを含め、ビール大手4社は、ドイツタイプの重めのビールをよしとする傾向が強かった。その結果、軽いビールを求める消費者の好みとの間にズレが生じていた。

「明治時代から日本のビールは苦味の強いビールばかりでした。でも、当時お客様が求めていたのはバドワイザーに代表されるアメリカンタイプのビールでした。肉料理など脂肪の多い食事の邪魔にならず、サラッとして飲み飽きないビールが求められていたのです」

と、当時のアサヒ技術部門の首脳は語る。

実際に「軽快なビール」として発売した「マルエフ」は、計算通りのヒットとなる。

その時、アサヒ社内ではもう一つの新商品開発が進められていた。開発コードネーム「FX」。「マルエフ」と比べ、より「キレ」が強く、クリアな味で飲みやすいビールを目指していた。メインターゲットは20代と30代。

86年6月には樋口によって「FX」の商品化が決定される。しかし、その後3回にわたる経営会議において、「FX」の発売は却下されてしまう。「マルエフ」が好調だったため、似た方向性の「FX」を発売すると、自社商品同士で競合する「カニバリ」(カニバリゼーション)が起こることを懸念《けねん》したのだ。

「久々に売れている商品があるのに、その足を引っ張ってしまう」

「FX」の発売には、特にアサヒの営業部門が強硬に反対したという。

紛糾《ふんきゅう》の末、「FX」の発売が最終決定されたのは11月末だった。樋口が後押しして、何とか経営会議を通した。ただし全国発売ではなく、関東地域限定販売となった。

この「FX」こそ、日本産業史上に残る大ヒット「スーパードライ」だった。しかし、この時点で大ヒットを予想し得た人間は一人もいなかった。

決断できるリーダー

96年7月のことだったが、筆者に対して樋口が次のような話を語ってくれたことがある。

「俺がアサヒビールに来た本当の狙いは、再建なんかじゃなかった。本当は『幕引き』をするはずだった。磯田さん（一郎・旧住友銀行元頭取）が、佐治さん（敬三・サントリー元社長）にアサヒの売却を（84年半ばに）申し入れたが、まとまらなかった。万策尽きた磯田さんは俺を幕引き役としてアサヒに送り込んだ。これが真相だ」

「ただ実際に来てみると、アサヒには優秀な人材がたくさんいた。（占領時代の49年に）大日本ビールは過度経済力集中排除法によってアサヒとサッポロに解体されている。つまり、当時のGHQはビール産業を製鉄と同じ先端産業と見ていた。優秀な人材が集まっているのは当たり前だな。そこで、会社を閉じる前に一丁やってみたら、これがうまくいった」

樋口は重要な話をこともなげに話す経営者だった。しかも、快活に、明るく、楽しそうに話した。気がつくと、彼が発する強烈なオーラに誰もが巻き込まれている、そんなタイプの人間だった。

ただ樋口は、社員には厳しかった。「カミナリ」を落とすことも頻繁にあったという。

「何をやっている！」

気に入らないことがあると、頭から湯気を立てて社員を怒鳴りつけたという。

一旦《いったん》スイッチが入ると、客先や記者クラブで見せる、眼鏡の奥の優しい瞳《ひとみ》は消え、瞬間湯沸器のように別人格へ豹変《ひょうへん》する。

「社長時代の樋口さんは、それは怖かったですよ。私などはしょっちゅう怒られていて、そのたびにドッと汗が噴き出すので、京橋の本社（当時）から日本橋の三越まで歩いてシャツを買いに行ったくらいでした。しかし、大勢の前で怒られたあと、内線電話がかかってきたり、個別に呼ばれて、『さっきはすまなかった。俺はお前に期待してるんだ』などとフォローしてくれるんです。だから私たちは怒られても頑張れたのです」

当時のアサヒで技術部門幹部として働いていた人物が、こう話してくれた。

樋口は、かつて白金台の自宅で筆者にこう語っていた。

「（86年1月に）アサヒに来た時、周りは敵だらけだった。銀行から来た今度の男は何をやるつもりなんだ、という眼で見ていた。だがそれから俺は彼らを指導し、鍛えていった」

アサヒは戦前の大日本ビールにつながる名門企業だ。そのアサヒが生きるか死ぬかという切羽詰まった状況下で、樋口は心を鬼にして経営に立ち向かったのだろう。

さて、87年3月17日に発売された「スーパードライ」は、「辛口」を訴求したことで、発売当初から好調だった。4月に入ると販売エリアを広げ、5月中には沖縄を除く全国発売に切り替えた。樋口の決断による、電光石火の販売攻勢だった。酒屋訪問を重ねていく中で、肌感覚でマーケットの反応をつかんでいたのだろう。

「スーパードライ」の販売目標は年内100万箱だったが、5月以降、上方修正が続く。生産体制も、「マルエフ」から「スーパードライ」中心に切り替えていった。

人気が沸騰《ふっとう》し、供給が間に合わなくなると、「社員はスーパードライを飲んではならない」という樋口のお達しまでが下る。

結局、その年の年末までに、「スーパードライ」は1350万箱売れた。

これはその前年にサントリー「モルツ」が打ち立てた新製品の初年度販売記録、「184万9000箱」をはるかに塗り替える大記録となる。

だが、これはその後の快進撃の序章でしかなかった。

無謀と紙一重の積極投資

１９８７年前後に生まれたヒット商品は数多い。三菱電機が発売したダニを駆除するクリーナー「ダニパンチ」、同じく三菱電機の大型テレビ、花王のコンパクト粉末洗剤「アタック」、「女子大生ホイホイ」と呼ばれるほど若い女性が乗りたがった「ホンダ・プレリュード」（3代目）。発売は86年だが87年にヒットした富士フイルムのレンズ付きフィルム「写ルンです」、86年10月発売のキリン「午後の紅茶」、88年1月に発売され、3ナンバー車のトレンドをつくった日産「シーマ」など、枚挙にいとまがない。

前田仁の「ビアホール・ハートランド」も、オープンは86年10月だった。

なぜ、これほど多くのヒット商品がこの時期に誕生したのだろうか。

「アメリカでは景気が好転すると、家具や食器類、調度品が売れる」

と、ある百貨店首脳が語っていたが、日本の景気好転期には大型ヒット商品が生まれる傾向がある。

アメリカにはレイオフ（一時解雇）がある。景気が回復すると、レイオフされていた人々は、もとの会社に戻って働く。そのため、景気回復時には生活のための消費が中心になりやすい。一方、80年代まで終身雇用が前提だった日本の場合、不況でも解雇される心配はない。そのため景気回復時にはユニークな新商品に関心が集まりやすいのかもしれない。

第2次オイルショック後の不況に続く好況期の80年代前半には、マツダ「(赤い)ファミリア」、VHS方式VTR、レーザーディスク、NECのパソコンなどがヒットしている。チューハイブームもこの頃だった。

特徴は「新機軸」だ。好転期には人々の消費マインドが、新しいものを受け入れるほうに変わるのだろう。

「前田さんは『1歩先に行っちゃダメだ。半歩、ほんの少しだけ先に行くことが大切』とよく話していました」

と語るのはキリンビール企画部部長だった山田精二。

87年のような激変期には、その半歩の幅が大きかったのだろう。

85年のプラザ合意時には1万2000円台だった日経平均株価は、87年9月には2万5000円台と約2倍に上昇していた。その後、10月19日には世界的な株価大暴落「ブラックマンデー」が発生したが、日本経済に大きな影響はなかった。日経平均株価は89年12月29日の大納会で記録する3万8957円44銭の史上最高値（当時・24年2月22日に更新）まで、ほぼ一本調子に上昇を続けていく。

プラザ合意による円高、そして過剰流動性が生んだ「バブル経済」。「繁栄はずっと続く」と、多くの生活者が本当に信じていた結果、従来の延長線上にはない、まったく新しい商品がヒットしたのではないか。

また、太田恵理子が「スーパードライは女性が後押しした」と指摘したように、女性にフォーカスしたヒット商品が多かったのも特徴といえる。

そうした中でも、アサヒの「スーパードライ」は群を抜く大ヒットだった。91年には同じアサヒの新商品「Z」とカニバリを起こし販売が低迷するが、それを除けば、00年まで販売量で前年を上回り続ける。

販売拡大の理由は、生産体制の増強にあった。社長の樋口が思い切った設備投資を即断したのである。

87年夏、「三ツ矢サイダー」や缶コーヒーを生産するアサヒビール飲料柏《かしわ》工場（当時）を樋口は訪れていた。

従業員を前に挨拶をした樋口は、「今度、（柏市と隣接する）守谷《もりや》にビールの新工場を作る」と漏らしてしまう。当時、新工場の建設計画はごく一部の経営首脳しか知らない極秘案件だった。監督官庁の大蔵省（現在の財務省）への報告もしていなかった。おそらく従業員の前でサービス精神を発揮してしまったがゆえの「うっかり」だったのだろう。樋口の周囲はあわてた。

それまでアサヒはあまり設備投資をしていなかった。樋口の社長就任前の設備投資額は、10年間で約40億円しかなかった。

一方、86年から90年までの設備投資額は5年間で4138億円にも及ぶ。特に87年以降投資額は急増する。各工場の倉庫にすら生産設備を導入するなど、「スーパードライ」増産のため惜しみなく資金を投じていった。

90年には、最新鋭の茨城工場（守谷市）の建設など、実に2000億円近くを投じている（同工場の竣工《しゅんこう》は91年4月）。結果、アサヒの生産能力は樋口が社長に就任する前の5倍まで増強される。

89年に名古屋工場に勤務していた、ある幹部は、次のような話をしてくれた。

「生産設備はそれまでIHIや日立造船に発注していました。ところが、彼らはアサヒが要求する納期に対応できないと言ってきた。そこで、樋口さんは三菱重工に発注先を替えてしまいました。三菱重工は造船用の生産設備でビールの貯酒タンクを製造し、納期に対応しました。キリンと同じ三菱系へ発注するなんて、それまで考えられなかった。樋口さんは前例やしがらみをことごとく破っていきました。そのおかげで名古屋工場の生産能力は10倍になり、中京地域での商戦に大きく貢献しました」

この時の三菱重工の社長は相川賢太郎。その後、三菱グループのドンになる男だ。

ちょうどバブルが始まり、資金調達が容易だったことも大きな要因だった。もっとも、財テクや海外投資も果敢に行ったことで、アサヒはバブル崩壊後に巨額の有利子負債を抱えてしまう。樋口の「負の遺産」といえよう。

92年に樋口は会長に退くが、その絶望的な財務状況を知っているのは、樋口に代わりプロパーで社長に就いた瀬戸雄三ら、一握りの経営幹部だけだった。

ちなみに、90年までの5年間でアサヒが調達した資金は4800億円超と見られている。これは設備投資の総額を上回っていた。

「ドライ戦争」勃発《ぼっぱつ》

「スーパードライ」が牽引《けんいん》し、ビール市場全体が成長軌道に乗った。

明けて88年2月に、キリン、サッポロ、サントリーの3社は「ドライビール」を相次いで発売。世にいう「ドライ戦争」の勃発である。

とりわけキリンの「キリンドライ」は、年末までに3964万箱を販売。これは、87年に「スーパードライ」が打ち立てた初年度販売記録の約3倍だった。88年の販売量は前年比4・2%も低下、「スーパードライ」の好調にもかかわらず、キリンの凋落は続いた。88年の販売量は前年比4・2%も低下、シェアは6・1ポイント下がり、51・1%に終わる。

「キリンドライ」が「ラガー」のシェアを奪ってしまったことが理由だった。

アサヒは、61年以来27年ぶりに業界2位へ浮上。一方、順位を落としたサッポロは、この責任を取る形で、翌89年に経営トップが交代する。

89年もキリン、サッポロはドライビールの新商品を投入するが、ドライ戦争でのアサヒの勝利はその頃には確定していた。

「ドライビールなど出すべきではなかった」

当時を知る、アサヒを除くビール業界人は一様にそう話す。

「キリンドライはあわてて出したため、完成度が低かった」

と語るのはキリンの生産部門の元幹部だ。

「特約店（卸）からドライビールを出してくれと要請され、出さざるを得なかった」

サッポロのマーケティング部門の元役員もそう語る。

「アサヒが大ヒットを飛ばしたのを見て、同じことをすればチャンスがあると考えたが、かえって自分自身を見失う結果を招いた。そもそも、開発型であるサントリーがもの真似《まね》をした時点で失敗は見えていた」

そう語るのはサントリーの技術・生産部門の元役員である。

3社が後追いしたことで、ドライというジャンルが確立し、先発の「スーパードライ」だけが売れる結果になった。もし3社がドライビールを出さなければ、「スーパードライ」のヒットは限定的だったかも知れない。

嫌われるキリン

「アサヒの攻勢を止めなければならない」

ようやくキリンにも危機感が芽生え始めた。営業部隊も、酒屋に営業をかけ始める。とはいえ、どこに、何という酒屋があるかさえ、多くの支店は把握できていなかった。そのため、職業別電話帳をもとに、営業マンがライトバンに乗って酒屋の所在地を確認してまわり、「酒販店マップ」を作成するところからスタートした。

その上で、酒屋への訪問を始めると、「初めてキリンの方がみえた！」と驚かれることすらあった。ただ、これはまだいい方だった。

「いま頃何しにやって来た」と凄《すご》まれたり、「商売はそういう姿勢ではダメだ……」と説教されたり、中には「塩を撒《ま》かれました」と報告した女子営業部員もいたという。

「キリンは酒販店から嫌われていました。でも、シェアが6割もあったから、それでも商品が売れていました。しかし飲食店向けでは、営業力で負けていました」

87年にキリンに入社し、関西方面で営業に従事した社員はそう証言する。

キリンの営業力がライバルに負けていたのは、独占禁止法への抵触を恐れていたことが大きかった。

しかし「スーパードライ」の躍進でキリンのシェアは低下し、営業活動を控える必要はなくなっていた。87年以降に入社したキリンの若い営業部員は、むしろ挑戦者の立場で「スーパードライ」に挑んでいく。

「魑魅魍魎《ちみもうりょう》」巣くう伏魔殿

原宿の神宮前交差点近くにあるビルの地下1階に、大皿料理店「DOMA」がオープンしたのは87年10月9日だった。キリン直営店だが、「ビアホール・ハートランド」同様、キリンの看板を掲げていなかった。

80年代にキリンは事業多角化を目指し、医薬分野などに進出した。そうした多角化事業の一つが外食で、ビール事業本部とは別組織の外食事業開発部が担当していた。「DOMA」をプロデュースしたのは前田仁だった。

「DOMA」は160席を有する大きな店だった。表のコンセプトは「モロッコのマラケシュ感覚の市場居酒屋」。裏コンセプトは「女の居酒屋」だった。表と裏のコンセプトを設定するのは、前田がよく使うテクニックである。

初代店長は真柳亮が務めた。

真柳は、85年に本社の事業開発部探索担当に異動した時の印象を、こう語る。

「本社に来て驚いたのは、みんな一流大学出身なのに、世渡り上手な奴ばかりということ。自分の出世しか頭にない。ただそんな中でも前田さんは自分の意思を持ち、組織の垣根を越えることもいとわなかった。前田さんか、あるいは当時もう一人いた別の有望株の方が将来社長になれば、キリンはよくなると思っていました」

アサヒ会長になった樋口廣太郎は、かつて筆者にこう話していた。

「(80年代の)経営が苦しかった時代、アサヒは就活学生に人気がなかった。このため、採用担当者は、体育大学や芸術系大学に通って、就職課に頼み込んで入社希望者を集めていた。しかしスーパードライがヒットして、一流大学の学生が入社するようになる。もっとも、出世という意味では、ドライ以降に入社した社員は競争が厳しくなった。サラリーマンとは難しいものだ」

その後、現業部門から営業職に移った、いわゆるノンキャリのキリン社員が、次のように語ってくれたことがある。

「スーパードライにシェアを奪われたせいで、偉い人たちの言い訳のための書類作りが、われわれ下々の現場にまで降りてきました。当時のキリンでは目標未達、シェアダウンなど、許されなかったからです。意味のない仕事ですが、立場が弱いので断れません。従来の仕事で一杯一杯なのに、意味のない仕事が増え、現場は疲弊していきました」

シェアを奪われたことよりも、失敗の言い訳をする、他責文化が醸成されたことがキリンにとっては痛手だった。

「スーパードライ」ショックをきっかけにキリンの「迷走」が始まる。

エリート主義に陥った組織が機能性を欠き、保身と権力闘争に明け暮れるのはよくあることだ。

当時のキリン本社は、真柳が指摘したように、そうした「魑魅魍魎」の巣くう伏魔殿になりかけていた。

「DOMA」が人気となるや、新聞や雑誌は店長の真柳に取材を申し込んだ。ビール会社のサラリーマンが、160席もあるレストランの店長を務めることの珍しさも手伝ったようだ。

真柳は「お店のコンセプトをはじめ、基礎から作り上げた人はほかにいます」と、前田の存在を必ず伝えていた。しかし、紙（誌）面の制約があるせいか、前田に触れる媒体はなく、真柳にフォーカスする記事ばかりが出る。

真柳はこの時、32歳だった。最初は無我夢中で取材を受けていたが、やがて戸惑いが大きくなり、6期上の前田にこう訴えたという。

「本当はジンさんの仕事だと説明しているのに、全部俺がやったように書かれてしまいます。俺だけヒーローになるのはおかしい。次の取材はジンさんが受けてください」

すると、前田はニタニタ笑いながらこう言った。

「マヤちゃん（真柳のこと）、お前が先頭に立ってメディアに露出するべきなんだ。媒体にどんどん出て広告塔になるのが、店長の役割なんだ」

この一言で、真柳はホッとしたという。前田の手柄を横取りしてしまっているという負い目があったからだ。

サラリーマン社会で、他人の実績を自分のものにする「不届き者」は珍しくない。キリンにもそうした風潮は当然あった。長年の殿様商売によって、組織の機能不全は進んでさえいた。

「役員クラスにも部下の手柄を横取りする輩《やから》がいました。本社はまさに『伏魔殿』だった。足をすくわれないように注意しなければならなかった」

当時30代だったキリン元社員はこう振り返る。

新商品開発に従事するマーケターには、「あれはすべて私の手柄だ」と自慢する者が多い。だが前田はそういうタイプではなかった。

自分が目立とうという発想は前田にはなかった。ただ自分の仕事のためにメディアを活用することには自覚的だった。

「ビアホール・ハートランド」がオープンした頃、前田のもとにも多数の取材依頼が来た。だが前田は「不遜《ふそん》ですが店長の私がかってに媒体を選別していました」（「思考の技術について」）という。

テレビと写真週刊誌の取材は断っていた。短期的な影響力があっても、面白半分に表面的な報道をする媒体を前田は好まなかった。

逆に、発行部数は少なくとも、質の高い取材をする飲食関係の専門誌や、一般紙誌の取材は積極的に受けていた。

キリンの内部資料「ＢＥＥＲ　ＨＡＬＬ　ＨＥＡＲＴＬＡＮＤ」によると、毎日や朝日などの全国紙に加え、ブロック紙の「東京タイムズ」や地方紙（大半は共同通信の配信とみられる）、雑誌では「ＢＲＵＴＵＳ」「ＧＯＲＯ」「週刊プレイボーイ」「ＤＩＭＥ」「月刊食堂」「居酒屋」などがオープニング時に記事化している。

「ＤＯＭＡ」については媒体を選別しなかった。「ＤＯＭＡ」は他部署の管轄《かんかつ》だったので、前田はあえて広報戦略まで口出ししなかったのかもしれない。

ただ、マーケティング部の前田が、外食事業開発部のプロジェクト「ＤＯＭＡ」を実質的に仕切っていることを、「越権行為」と見る向きもあった。

当の前田自身は、そうした批判をあまり気にしていなかった。前田はこう書き残している。

「『越権』と思っていると、なかなか他人の管轄に踏み込み、あれこれ意見を言うのは難しいものです。まして何らかの行動を起こしたとなると嫌がられます。縄張り意識や権利意識の強い人がリーダーでいた場合には険悪な状況になることさえあります。ではどうするか。嫌味を言われたり争いになることを恐れていては縦割り組織は崩せませんし問題点の解決はできません。（中略）勇気を持って他人の縄張りに口を出し、おせっかいを仕掛けることが求められます。その際『越権』でなく『越境』する感覚＝『ちょっと境界線を跨《また》ぐ』程度の感覚で相手の領域に入っていくと気持ちはまったく楽になります。（中略）『ごめんなさい』と軽く言える軽さをもつことが必要と思ってます」（05年12月22日作成の前田仁の講演録「運営の技術（リーダーシップ）」より引用）

第4章　「一番搾《しぼ》り」が生まれた日

一言多いリーダー

キリン「一番搾り」の開発が始まったのは、1989年1月である。

担当したのは、新商品開発を専門とするマーケティング部の第6チーム。そのリーダーに当時39歳だった前田仁が就いた。

「スーパードライ」の勢いを何としても止めなければならない。そのための新商品として、「一番搾り」の開発がスタートする。

前田はまず、社内の優秀な人材を、部門の垣根を越えて集めることから仕事を始めた。

79年に入社し技術部門からマーケティング部に異動していた小川豊、入社5年目で名古屋工場醸造課に直近まで勤務していた舟渡《ふなと》知彦（84年入社）、入社4年目の女性マーケター福山紫乃《しの》、舟渡より１期先輩で、川崎北部エリアの営業からマーケティング部に異動したばかりの代野照幸《だいのてるゆき》など、その後キリンの中核を担《にな》う人材を集結させている。

望月寿城（しりあがり寿）も「ハートランド」に続いて参加していた。「一番搾り」の広告は電通が担当したが、その電通側の人選すら、前田が行ったという。

プロジェクトに参画した電通は、すぐ次のような提言を行った。

「アサヒはスーパードライという核弾頭で戦っている。一方、キリンには小さな武器しかない。キリンにも核弾頭が必要だ」

「核弾頭」とはいかにも大げさだが、こうした単語のチョイスが当時のビール商戦の激しさを物語っている。

ちなみに「スーパードライ」でアサヒが使ったのは博報堂である。こうしたところにもキリンとアサヒのライバル意識が垣間《かいま》見《み》える。

「舟渡、出かけるぞ」

前田はよくそう言って、オフィスを抜け出していたという。

前田の行く先は、著名な建築デザイナーや、有名広告クリエイター、リサーチ会社の幹部などの事務所が多かった。時には画家や演劇関係者など文化人のもとを訪ねることもあった。前田はそこでただ雑談を交わしていたという。話題はとりとめのないものばかりで、肝心のビールの話も、相手から求められない限りはしなかったという。

その雑談のために、ホテルの喫茶室や青山の洒落《しゃれ》たコーヒーショップをしばしば利用していた。

「オフィスにこもっていても、いいアイデアは出ない。それよりも、いろんな情報を集めることが大切だ。情報は待っていてもやってこない。こちらから出かけて集めるんだ。プロデュース力と発信力のある人には、良質な情報が集まっている。そういう人を探して会いに行くようにしろ」

移動のタクシーや地下鉄の中で、前田は一回り若い舟渡にそうアドバイスしていたという。

舟渡は滋賀県大津市生まれで、京都大学農学部農芸化学科を卒業後、キリンに入社している。前田のチームに来る前はずっと工場で作業服を着て働いていた。測定器のメーターを睨《にら》みながら、発酵の状態を日夜管理するのが仕事だった。

だが、いまはスーツを着て、東京でマーケティングの仕事をしている。これで戸惑わないほうがおかしい。

舟渡から見ると、前田はスーツの着こなしもスマートで、カッコいい上司だった。店長として人前に立った経験からか、前田は見られることに慣れているようだった。相手が大物でも、前田は自然体で接していた。もちろん最低限の敬語は使うが、過剰にへりくだることはなく、ニヤニヤしながら軽妙な返事をしていたという。技術系の舟渡はこうした振る舞いに最初は驚いた。

もっとも、前田がずけずけものを言うのはいつものことだった。キリンの社内でも前田は怖いもの知らずで、ストレートな物言いをしていた。役員クラスを相手にしても一切忖度《そんたく》しなかった。

舟渡が一番驚いたのは、むしろそうした社内での振る舞いのほうだった。前田はチーム内の会議で「あんな考えのオッサンがいるから、キリンはダメなんだ」と、会社幹部を名指しで批判し、平然としていたという。

舟渡はそんな前田を頼もしく思う一方、「前田さんの振る舞いが面白くない人もいるに違いない」と心配になったという。

マーケティング部への異動を命じられた舟渡は「評価の高い、あの桑原さんの下で働ける」と喜んだという。ところが、異動の3カ月前の88年9月に、桑原は常務取締役として大阪支社長に転出、マーケティング部を離れてしまっていた。

ちなみに当時のキリンにおいて、大阪支社長の次は社長に就任するのが既定路線だった。89年当時のキリン社長だった本山英世は大阪支店（87年11月から名称は支社）長から84年にキリン社長に就任している。大阪支社長のポストは社長になるための「ウエイティングサークル」。この時点で桑原は次期社長の最有力候補と言えた。

舟渡は桑原と働くことはなかったが、前田は桑原の弟子だった。その前田は舟渡にこう言っていたという。

「自分はマーケティングの素人《しろうと》だからと、遠慮することはない。技術者目線で気づいたことは必ず伝えるように」

前田仁はメンバーの専門性や個性、人間性を大切にする上司だった。「一言居士《いちげんこじ》」の前田にとって、桑原は後ろ盾だった。前田が信念を貫けたのも、桑原のおかげという面があった。

その桑原が大阪に行った以上、前田も少し自重したほうがよかった。だが前田はそんなことには構わず、それまでと同じストレートな言動を貫いていた。

「トレンディ」な男

季節が変わり春一番が吹き始めても、情報収集とブレストばかりで、新商品の具体的な方向性は決まっていなかった。

そんな中、営業出身の代野が、ほかのチームへ異動することになった。代わってチームに加わったのが、入社2年目の島田新一だった。

島田は、新入社員だった87年に、ディスコなど名古屋のお洒落な店で「ハートランド」を売りまくった。その功績を買われてマーケティング部へ異動してきたのである。

島田は東京出身で、幼稚舎から大学までずっと慶應というエリートだった。スキーはプロ級の腕前で、ディスコDJとしても活動し、ダンスもうまかった。彼が踊りはじめるとあっという間に女の子が集まり、フロアのヒーローになったという。

大学4年の時、島田は慶應幼稚舎からの仲間とともに、当時六本木にオープンしたばかりの「ビアホール・ハートランド」に出入りしていた。

その後、87年にキリンに入社すると、名古屋支店に配属される。

島田は名古屋にあった巨大ディスコに通いつめ、ほどなくそこのビールをサントリーから「ハートランド」に切り替えさせるという大手柄をあげる。

当時の名古屋支店長は島田の成果に感動し、「君の思う通りにハートランドを売ってみろ」と、自由を与えてくれたという。

すぐに島田は「トレンディ・プロジェクト」という自ら命名したプロジェクトを立ち上げる。新人にもかかわらず、支店長に頼み込んで部下までつけてもらったという。部下となったのは、子会社でキリンレモンの自販機を飛び込み営業していた年上社員二人だった。

島田は二人の部下を連れて、猛烈な営業活動を展開した。ターゲットにしたのは、「トレンディ」な店だけ。ディスコや、カフェバーなど、若者が集まる料飲店に狙《ねら》いを絞って「ハートランド」を売りまくった。

島田は当時のことをこう語る。

「トレンディでお洒落な店は、スーパードライを置いていませんでした。むしろライバルは総合的にいろんなお酒をそろえるサントリーでした。ハートランドを武器にそういうお店に食い込んでいたのが、前田さんの目に留まったのでしょう」

島田の加入について、舟渡は次のように語る。

「一番搾りプロジェクトにはいろんな分野の人材が集まっていました。その中に営業出身者の枠があり、その顔ぶれが島田君に代わったんです。プロジェクトが本格始動する前に、重要メンバーが交代したのは大きな影響を及ぼしました。いうなればビートルズがメジャーデビュー直前に、ドラマーがピート・ベストからリンゴ・スターに代わったようなものでした」

ちなみにピート・ベストはその後も音楽活動を続けたが、スターにはなれず、リバプール市役所の職員になった。

一方、ほかのチームに異動した代野はその後、海外事業で活躍する。

「ラスプーチン」あらわる

「スーパードライに対抗する大型定番商品は、いまのキリンに必要不可欠である。よって、企画部でもマッキンゼーとともに大型商品を開発する」

突然、企画部からこのような提案がなされた。

もちろん新商品開発はマーケティング部の仕事である。企画部の仕事は、組織・業務改革、会社全体の予算管理、そして戦略立案などだ。その企画部が、本来は黒衣《くろこ》のはずの外部コンサル会社マッキンゼーを巻き込み、具体的な商品開発を始めるという。

キリン社内に波紋が広がった。

「80年代のキリンは、外部のコンサルが大好きでした。本社のスリム化、販売組織の変更、成果型の人事評価システム導入など、社内改革にコンサル会社を使っていました。中でも特に食い込んでいたのがマッキンゼーでした」

キリンOBの元幹部はこのように証言する。

そうした社内事情が影響したのか、企画部の前代未聞《みもん》の提案は、通ってしまう。

前田のマーケティング部第6チームと、企画部およびマッキンゼー混成チーム、両者を競争させ、どちらか一方を採用するということになったのだ。

ちなみに、企画部とマッキンゼー混成チームの名称は、DBS（デベロップメント・ビア・ストラテジー）。ビール商品戦略の一環として、大型新商品を開発するというつもりだったようだ。

当時キリンの商品開発は迷走が続いていた。88年に発売したドライビールは思うように売れなくなっていた。89年2月から4月にかけて4つの新商品を立て続けに発売し、これを「フルライン戦略」と銘打って商戦に臨んだが、いずれも不発だった。

相次ぐ新商品の失敗により、89年には22年ぶりにシェア50％を割り、48・8％で着地。凋落《ちょうらく》ぶりを印象づける結果となる。

「DBSチーム」を動かしていたのは、企画部のある最高幹部だった。人呼んで、「キリンのラスプーチン」。

キリン社内では「切れ者」「策士」と評される人物だが、「米欧への出張に料金の高いコンコルドを使う」「他人の手柄を平気で横取りする」「『天皇』と称された本山社長に取り入って、虎《とら》の威《い》を借りている」など、悪評も多い人物だった。

その「キリンのラスプーチン」は、ウイスキー関連の子会社キリン・シーグラム（現在はキリンディスティラリー）への出向から、本社に戻ったばかりだった。

それにしても「ラスプーチン」とは相当な言われようだ。よほど反感を買っていたものと思われる。

ただ、悪評を立てられる幹部は、この人物だけではなかった。そこに当時のキリンが抱えていた「闇《やみ》」がある。

キリン社内では見えない劣化が進んでいた。まるで古い家をシロアリが食い荒らすかのようだった。

「当時のキリン本社には、腹黒い幹部がたくさんいた。まさに魑魅魍魎の巣窟《そうくつ》だった。全盛期しか知らない彼らは、業績の下降局面では役に立たなかった。むしろ保身と権力闘争に明け暮れ、会社の業績に悪影響を及ぼしていた」

「資産家のドラ息子が、財産を食い潰《つぶ》すのを見ているようだった。不思議なことに、そういうドラ息子のほうが出世していた。会社のために一生懸命働く、孝行息子タイプの人材ほど遠ざけられていた」

当時を知る関係者は、こぞってそう証言する。

社内が腐敗していても、業績が安定している間は、問題が露呈しにくい。ただ、その状況を決定的に変えてしまったのが「スーパードライ」の登場だった。

アサヒの猛追を受け、キリンの屋台骨が揺らぎ始める。こうなると魑魅魍魎たちも黙ってはいられなくなった。ただ彼らにとって会社の利益は二の次。自分の出世と利益の確保こそが興味のすべてだった。

彼らには「スーパードライ」のヒットが、むしろ好機にうつる。自分たちのプレゼンスを高めるチャンスだと考えたのである。

企画部とマッキンゼーによるDBSチームは、そうした動きの一例だったと言える。

「アサヒは、そのうち止まる。いずれキリンのシェアももとに戻るだろう。それまでの間に、いかに自分の立場を築けるかが勝負だ」

危機に鈍感な彼らはそう考え、醜い社内政治へと向かっていったのだろう。しかし、キリンのシェアが再び50%を超えることはなかった。

当時の社長はワンマンタイプの本山英世。ワンマン経営者ほど、身の周りに茶坊主《ぼうず》を置きたがる傾向がある。本山もまた、学歴は超一流だが、実績のない幹部ばかりを、身辺に置くようになっていた。

その結果、キリンは実力主義から遠ざかり、「君側《くんそく》の奸《かん》」がはびこる組織となっていった。

ロングセラーの条件

前田仁は、そうしたキリンの現状を深く憂《うれ》えていた。

背後に「キリンのラスプーチン」がいることを知った前田は、当然面白くなかった。ただ、周囲には気にするそぶりを見せなかったという。

前田はもともと感情を表に出さない男だった。といっても決して無愛想なわけではない。むしろニヤニヤしながら話しかけてくる気さくなタイプだ。

当時、前田の部下だった舟渡は、こう証言する。

「『ロングセラーに帰る消費者たち』（ダイヤモンド社）という本が前田さんあてに送られてきました。千葉商科大学の教授をしていた熊沢孝さんの本でした。前田さんは忙しかったので、代わりに私が読んで、内容を教えろと指示されました」

『ロングセラーに帰る消費者たち』は、ハウス「バーモントカレー」や、グリコ「ポッキー」など、さまざまなロングセラー商品を分析していた。

名古屋工場時代、舟渡は、発酵学や生産管理の専門書を数多く読んでいた。ただ、マーケティングの本を読むのは初めてだった。舟渡は、新しい世界に触れる興奮を覚えながら、要点を自分なりに整理して、前田に提出した。

「1つ、企業の思い入れが感じられること。

2つ、オリジナリティがあること。二番煎《せん》じではダメ。

3つ、本物感があること。

4つ、お客様が得した感じを抱けること。要するに経済性です。日本の消費者は経済性が好きで、メーカーはその分、損をしがちです。

5つ、親しみやすさがあること。個性が強すぎるものは嫌われます」

舟渡の話を聞いて前田はこう言ったという。

「いいじゃないか。これでいこう」

こうして「一番搾り」の方向性がまとまっていった。

前田のチームには、大きな期待がかかっていた。その分、予算も潤沢に使えたようだ。

「前田さんは帝国ホテルが好きで、ミーティングには帝国ホテルのスイートルームを時々使っていました」

当時を知る関係者はそう証言する。

そのミーティングに集まるのは、キリン社員だけではない。のちに「巨匠」となるアートディレクターの宮田識《さとる》やデザイナーの佐藤昭夫はじめ、電通のクリエーターやCMプランナー、フリーのアートディレクターなど、常時10人以上参加していたという。

舟渡はこう語る。

「外部の広告のプロが参加してくれて、いい影響がありました。キリンの人間だけで考えていると、キリンの常識にとらわれてしまいます。一番搾り麦汁《ばくじゅう》だけを使うビールなんてキリンの常識では考えられなかった。コストアップになるからです。しかしビール造りを知らない人は面白いアイデアだと受け止めたのです」

ミーティングで前田は、面白い発言が出るたび、大きめのポストイットにメモして、スイートルームの壁に無造作に貼《は》っていった。

「ミーティングでは広範なジャンルにわたって、さまざまなアイデアが出ます。それを整理して方向性を絞り込んでいくのですが、前田さんはこの作業が上手でした」

舟渡はそうしみじみと語る。

「大型定番商品の開発テーマは、『生ビールの純度・ピュアな美味《おい》しさ』でいきます。つまり、ピュアな美味しさに、徹底してこだわるということです」

壁一面のポストイットを見渡すと、前田はメンバーにそう宣言する。

ビールの純度

「おい舟渡、醸造工程で、純度を上げられるところを全部挙げてくれ」

前田は、名古屋工場の醸造技術者だった舟渡知彦にそう命じた。

ミーティングには、ビール造りを知らない社外のメンバーもいる。そのため、彼らにまずビール造りの工程を説明しなければならない。

舟渡はパソコンの表計算ソフトを駆使し、ビールの生産工程を説明する資料を作った。89年当時のソフトだから、いまのものより機能は少ない。

前田が命じたのは、ビール造りの工程で、開発テーマ「生ビールの純度・ピュアな美味しさ」に関係しそうな部分をピックアップしろ、ということだった。外部のメンバーにもわかりやすいように、舟渡は自分なりに工夫して資料を作っていった。

ビールは「仕込み」「発酵」「貯蔵（熟成）」「ろ過」という４つの工程を経て造られる。

「仕込み」ではまず麦芽（大麦を発芽させたあと、乾燥させ根を切除したもの）及び米などの副原料を粉砕し、お湯に浸す。すると、麦芽の中の酵素の働きで、麦芽と副原料のデンプンが糖に変わり、やがてお粥《かゆ》状の甘い糖化液（もろみ）が得られる。もろみはろ過機に移されてろ過されるが、この時に流れ出たものを「一番搾り麦汁（第一麦汁）」と呼ぶ。一番搾り麦汁を搾ったあと、もろみに再度お湯を加え、ろ過したものを「二番搾り麦汁（第二麦汁）」と呼ぶ。２つの麦汁は一緒に釜《かま》で煮沸《しゃふつ》され、ホップが加えられて、仕込み工程は終わる。

キリンでは通常、一番搾り麦汁７、二番搾り麦汁３の割合で仕込みを行っていた。

ミーティングで、ビール造りの工程について舟渡が説明していると、社外メンバーの一人が次のように発言した。

「一番搾りという言葉は刺さります。一番搾り麦汁だけを使えば、ピュアな味わいになる気がします」

ただ、工場で醸造技術者をしていた舟渡にとっては、受け入れがたい提案だった。

「確かに一番搾り麦汁は渋みが少なく、上品ですっきりしています。しかし、一番搾り麦汁だけでビールを造るのは無理です。二番搾り麦汁を加えない分、収量が減ってしまい、間違いなく赤字になります」

舟渡はいつになく早口で返答した。醸造技術者として、ビール造りを知らない社外メンバーの発言をなんとか否定しようと、ムキになっていたのかもしれない。ただ、一方では「ひょっとしたら」という思いも、舟渡の中にあった。

ビールが苦手という人は、苦みをその理由に挙げることが多い。

ビールが苦くなる原因はホップを使うからだが、麦汁のろ過も一因だ。麦汁をろ過するろ過材には、麦芽の穀皮《こくひ》が使われる。穀皮には渋みや苦みのもととなるタンニンが多く含まれ、これがビールを苦くしてしまう。

一度しかろ過しない一番搾り麦汁だけでビールを造れば、渋みや苦みを減らすことができるだろう。

「一番搾りからはピュアなイメージを受けます」

重ねて発言する社外メンバーに、舟渡は技術的な反論を試みる。

「醸造技術者として申し上げますと、ビールの純度を決定づけるのは、二番搾り麦汁を入れるかどうかではありません。収量を下げて一番搾り麦汁にこだわるより、むしろ最終製品に近いろ過工程の濁度《だくど》管理を工夫したほうが、純度を上げられると考えます」

しかし、舟渡の反論を聞いても、彼は譲らなかった。

一番搾り麦汁だけを使うという発想は、舟渡がリストアップした「ロングセラーの条件」のうち、「オリジナリティ」の点で優れていた。過去に前例はなく、ライバル社に類似品を出されにくいことも長所である。利益を得にくい、難しい商売になるからだ。

そういう贅沢《ぜいたく》な作りのビールを、「スーパードライ」や「ラガー」と同じ価格で販売すれば、「経済性」の点でも有望そうだった。

おそらく前田もそう評価したのだろう。数日後、前田はニヤニヤしながら舟渡にこう告げた。

「君には悪いが、新商品は一番搾り麦汁でいくことにする」

ただ前田も収量の問題については懸念《けねん》していたようだ。この時点では、サッポロ「ヱビス」と同じく、価格の高いプレミアムビールとしての商品化も視野に入れていた。価格を上げれば、原価の上昇をある程度吸収できる。

だがプレミアムビールでは、「スーパードライ」に対抗するヒット商品となるのは難しい。

前田はその点を懸念し、プレミアムビールのプランと、通常価格で提供するプランの両方を進めていくことにした。商品名はとりあえず「キリン・ジャパン」とした。

「スーパードライのような、カタカナ使いのベタなネーミングで、センスがない」と、舟渡は感じていたという。が、なぜか前田はこの「キリン・ジャパン」という名称を気に入っていたという。

ドライvsドイツタイプ

ビール造りの2番目の工程は、「発酵」である。

仕込み工程で得た麦汁に、酵母を加えて発酵させる。真核生物である酵母は糖を食べ、アルコールと炭酸ガスを生成する。

ドライビールの場合、麦汁中の糖の9割以上を酵母が食べてしまう。そのため「仕込み」でできるだけ糖度が高くなるよう時間をかけて糖化を徹底する。また、たくさん糖を食べる食いしん坊の酵母（発酵力の強い酵母）を使う。アルコール度数もガス圧も高くなった結果、「キレがある」ビールに仕上がる。

こうしてでき上がったドライビールは爽快《そうかい》な味わいで、肉料理など脂《あぶら》分の多い食事に合う。アメリカタイプのビールともいえる。

一方、ドライビールと比べると、ドイツタイプのビールは「コクがある」と表現される。

ドイツタイプのビールは麦芽を100％使い、発酵を抑えて麦芽の旨《うま》みを残す。仕込みでも糖化を徹底せず、麦芽のエキス分を残す。

ドイツタイプの場合、酵母が食べる糖の割合は6割から7割だ。芳醇《ほうじゅん》な味わいが特徴で、食事に合わせるより、ビールだけで楽しむのに向いている。

当時の代表的なドイツタイプビールとしては、19世紀に作られた「ヱビス」のほか、86年発売のサントリー「モルツ」、キリン「ハートランド」、87年発売のサッポロ「エーデルピルス」がある。麦芽100%ではないが、キリン「ラガー」もドイツタイプの味わいに設計されている。ドライビールのヒットに隠れているものの、80年代は実は麦芽100%ビールの名作が相次いで誕生した時代だった。

ちなみに09年以降の「一番搾り」は、麦芽100%ビールだが、90年に発売された初代「一番搾り」は副原料を使っていた。

「一番搾り」では、酵母が糖を食べてアルコールと炭酸ガスに変換する割合（発酵度）を、「スーパードライ」より少ない80%以上に設定している。

また、苦みについては、IBUという国際的な苦みの指標において、苦みが強い「ラガー」と苦みが少ない「スーパードライ」の中間になるように試醸《しじょう》を繰り返した。

こうした努力はすべて「ピュアな味わい」を追求するためだった。

当時の日本の酒税法では原料に占める麦芽の構成比は「3分の2（67%）以上」と決められていた。3分の2未満なら、発泡酒や第3のビールとなる。ちなみに、18年4月の酒税法改正により、ビールの麦芽構成比は50%に引き下げられ、さらに果実やハーブなど使用できる副原料が増えている。

麦汁の一滴は血の一滴

「一番搾り麦汁だけを使うビールを、前田チームが開発している」

そのニュースが駆けめぐると、たちまちキリン社内から反応があった。その大半は懐疑的、批判的な反応だった。

「君は、何のためにマーケティング部にいるのか、わかっているのか」

工場長や生産部門の幹部が集まる、全国工場長会議に呼ばれた舟渡は、年輩の工場長からいきなりこう質《ただ》されたという。

「スーパードライに対抗する大型商品を作り、多くのお客様に喜んでもらうためです」

舟渡はすかさずそう反論しようとした。まるでビジネス小説の主人公のように。

だが、現実はそう格好よくはいかない。大先輩の前で、若い舟渡は「はい……」と返事をするのがやっとだった。

するとと工場長は勢いづいて語気を荒らげた。

「こういう無茶な商品開発をマーケティング部の連中にやらせないために、君を送り込んでいるんだ！　君が率先して生産現場を苦しめてどうするんだ！」

　別の工場長が続ける。

「仕込み係は二番搾り麦汁の最後の一滴まで、それこそ搾り取るように採っている。君は去年まで名古屋工場にいたんだから、その苦労がわかるはずだ」

　その工場長の発言は間違いではなかった。ポタッ、ポタッ、としたたり落ちる滴《しずく》だって、年間を通して集めればかなりの量になる。

　日本はビールの酒税が高いため、ビール会社の利益は薄い。ビール業界には「麦汁の一滴は血の一滴」という表現があるくらい、麦汁は無駄にしてはならないという考え方が染《し》み込んでいる。「二番搾り」案に、工場が反発するのは当然だった。

　工場に比べると、本社の生産部門の役員や幹部の反応は、比較的冷静だった。ただ、前田のプランに理解を示してくれるほどではなかった。

　というのも、本社生産部門の役員や幹部はみな、「スーパードライ」の脅威を実感していたからだ。

「思い切った商品を作らなければ、スーパードライを止められない」

　という考えが、共通認識として行きわたっていた。

　一方、工場は現場しか見えていなかった。いかに効率よく生産するか、1円でも2

円でもどうやってコストダウンするか。それが彼らの仕事のすべてだった。商戦の激化や、ライバル社の商品の大ヒットよりも、内側に目が行きがちだった。

舟渡はその温度差に接し、少なからぬ戸惑いを覚えたという。ただ、この時の彼はもう工場の醸造技術者ではない。マーケティング部所属で前田の部下という立場だ。

舟渡は前田についていくほかなかった。

前田チームの「一番搾り麦汁ビール」と、企画部とマッキンゼー混成チームの新商品。どちらを商品化するかを決める社内コンペが開かれた。

「ハートランドプロジェクト」のメンバーだった太田恵理子は、この時リサーチャーとして新商品の市場調査を担当していた。複数回実施した消費者調査と、社内テストの結果、前田チーム案の「一番搾り麦汁ビール」が「ぶっちぎりにスコアが高かった」と太田は証言する。

企画部・マッキンゼー混成チームの新商品は「キリン・オーガスト」という名前だった。

カタカナのネーミングから、若者がターゲットなのは明白だった。肝心のビールの中身はドライタイプで、よく言えば「スーパードライ」の大ヒットを受けた手堅い味。

悪く言えば独創性に欠けていた。

それでも、デザインは非常にクオリティが高かった。日本広告史に残る超大物デザイナーが手掛けたともいわれている。その点でも、企画部・マッキンゼー混成チームの「本気度」は半端《はんぱ》ではなかった。ちなみに広告代理店には博報堂がついていた。

一方の前田チームは、「一番搾り麦汁だけを使った贅沢なビール」を提出。軽快なドライでも、重厚なドイツタイプでもない、「ピュアな味わい」を追求していた。

この時点の名称は「キリン・ジャパン」。デザイナーは「丸井の赤いカード」で名を馳《は》せた佐藤昭夫と、キリンデザイン部の望月寿城が担当。広告代理店は電通だった。

社内コンペが開かれたのは、89年の年末である。

「大一番」は前田チームの圧勝に終わる。僅差《きんさ》を予想した人があっけなく感じるほどのワンサイドゲームだった。

当時を知るキリン元幹部は次のように述懐する。

「『キリン・オーガスト』の『オーガスト』とは英語で8月の意味。もともと、ローマ帝国の初代皇帝アウグストゥスが、誕生月の8月に自分の名前をつけたという語源がある。アウグストゥスは養父ジュリアス・シーザーが、誕生月の7月に自分の名前をつけたことにならったもの。企画部・マッキンゼー混成チームの『キリン・オーガ

った。ただそれには説明が必要で、一般消費者にはわかりにくいと評価されました」

スト』というネーミングは、こうした故事をもとに、『皇帝』を想起させる意図があ

「天皇」への直訴

コンペの結果を受け、すぐ経営会議が開かれた。その席上、前田チーム案「キリン・ジャパン」の商品化が正式に決定する。

ただ、ここで問題が持ち上がった。

「キリン・ジャパン」を、「ヱビス」のような高価格のプレミアムビールにするというのだ。

一番搾り麦汁だけを使うと大幅なコストアップになる。前田チーム案にはその点で生産現場からの反発があった。

そのため経営会議で、コストが上がる分、商品価格を上げるという判断が下ったのである。

前田は会議に出席していたが、何も言えないまま、翌90年3月にプレミアムビールとして「キリン・ジャパン」を発売することが決定する。

「これでは勝てません。スーパードライを止める大型定番商品を作るのが、僕たちの目的だったはずです！」

会議の結果を持ち帰った前田に、さっそく舟渡が食ってかかった。舟渡は当初、一番搾り案には反発していた。ただ開発を進めるうちに考えを変える。一番搾り麦汁ビールのピュアな味わいに可能性を感じ、むしろ通常価格での販売を訴えていた。

価格の高いプレミアムビールは、販売量が限られる。サントリーの「ザ・プレミアム・モルツ」がプレミアムビール市場を創出するのはずっと先のことだった。89年時点では、プレミアムビールはまだ一般の消費者には浸透していなかった。

「ラガー」や「スーパードライ」と同じ通常価格で発売しなければ、大ヒットはない。「前田さん、僕はこれから中茎さん（啓三郎専務、当時のビール事業本部長）のところに行って直談判《じかだんぱん》してきます！」

そう宣言した舟渡を前田は止めた。

「やめとけ。とにかく、まず落ち着こう」

勝手な行動をとろうとした舟渡に、前田は怒らなかった。舟渡の考えをそのまま受け止め、むしろいつになく優しい眼差《まなざ》しで接していたという。

前田自身も通常価格で売るべきだと考えていた。そうしないと「スーパードライ」に対抗できないのはわかり切っている。だが、この時、前田は39歳。経営会議の決定を覆《くつがえ》す力は持っていなかった。

その時、マーケティング部第6チームが入るフロアのドアが静かに開き、大男が入ってきた。

「あっ！」

その男に気づくと、チームのメンバーが一斉に驚きの声を上げた。

大男は背筋をピンと伸ばし、前田のほうにズンズン迫ってくる。やがてプロジェクト・リーダーの前にやってくると、前置きもなく言い放った。

「前田君、今日の経営会議の決定を、君はどう思う？」

この大男こそ、キリン社長の本山英世だった。「キリンの天皇」と呼ばれていた男である。

「社長、実は申し上げたいことがあります」

「そうか。では、二人だけで話そう」

そう言うと本山は踵《きびす》を返して出て行き、やはり背が高くスリムな前田があとに続いた。

「キリンは会議の多い会社」（89年当時の役員談）だったが、この時二人は、空いている部屋で立ち話をしたようだ。

直前に舟渡の「直談判」を止めた前田だったが、期せずして自身が経営トップに直談判することになった。

1925年8月生まれの本山は、この時64歳。ただ、戦争中に、陸軍士官学校で軍事教育を受けていて、柔道で鍛え上げられた体つきで、いつも背筋をピンと伸ばしていた。

本山と前田には以前から個人的な関係があった。前田の結婚式で仲人《なこうど》を務めたのは、何を隠そう本山なのである。本山が大阪支店長だった時、総務部に勤めていた前田の妻、泰子が本山の秘書役を担っていた。本山は泰子に「優秀な男と結婚したな」と言って目を細めたという。当時、前田自身も大阪支店に在籍していた。つまり、創設されるマーケティング部に、前田を推挙したのは本山だったのだ。

ただ前田は「一番搾り」の開発にあたって、本山との個人的なつながりを利用してはいなかった。

直談判の場でも、純粋に商品としてどうすれば売れるか、という話をした。前田も、そして本山も、会社の命運を左右する局面に、「私的な事情」を持ち込むような人間ではなかった。

開発責任者として「通常価格でなければ、スーパードライを止められません」と、前田はあくまで冷静に訴えた。ただし原価が高い商品は、その分を価格に転嫁《てんか》しなければ損益分岐点が上昇する。そうなると、より大量に販売しなければならない。

逆に言えば、数を売れば、多少原価が高くても採算は取れる。一方で思うように売れず、空振りだった場合、ダメージが大きくなる。

つまり、値上げせず通常価格で売るのは「危険な賭《か》け」だった。

「すべての責任は、私が取ります」

前田は本山の前でそう断言した。ただ、当時39歳の中間管理職に全責任を取れるはずもない。前田はこの時、「キリンの天皇」の前で、覚悟のほどを示したのだった。

二人が話し合っている間、待ち受けるマーケティング部第6チームのフロアに、じりじりした空気が流れる。前田を待つ舟渡たちには、1秒が1時間のようにも感じられていた。だが実際には10分も経《た》っていなかった。

やがてドアが開き、いつものニヤニヤ笑いを浮かべた前田が入ってくると、いつになく張りのある声で次のように言った。

「通常価格で行くことになった。プレミアム案は却下だ」

それを聞いた舟渡は思わず小躍りした。

数日後、本山は再び経営会議を招集すると、みずから議長役を務めてこう発言した。

「新商品の目的はスーパードライを止めることだ。だから通常価格で売ろうと思う。君たちはどう思うか」

どう思うかと聞かれても、「キリンの天皇」に面と向かって反対する者はいない。

この会議には企画畑のドンで、「キリン・オーガスト」開発を画策した「キリンのラスプーチン」も出席していた。彼もまたほかの役員と同じく沈黙を守った。

静寂が議場を包み込んだのを確認すると、本山は言った。

「では、通常価格で決定する」

経営会議が終わり役員会議室を出ようとする本山に、前田は起立して深々と頭を下げた。

前田もこの経営会議に末席で出席していたのだった。本山はその姿を一顧だにせず、スタスタと通り過ぎていったという。

暁の会議

前田チームの新商品は、プレミアムビールではなく、通常価格で発売することが決まった。しかし、肝心の商品名がまだ決まっていない。

「キリン・ジャパン」という名前を前田は気に入っていた。しかし、社内の評判はいまいちで、消費者調査でも好感度スコアは低かった。

一方、新商品の発売日は目前に迫っていた。「スーパードライ」に対抗する大型商品ゆえ、少しでも売りやすい時期に発売したかった。そこで、花見をはじめ、節目の宴会需要が高まる、春先の3月22日を発売日と決めていた。

もはや時間の余裕はなかった。一刻も早く商品名を決めなければならない。前田はチームのメンバーを帝国ホテルのスイートルームに集めた。

社内のメンバーはもちろん、フリーランスや電通所属のアートディレクター、デザイナーなど、プロジェクトに関係する全員が集結する。

「『キリン・ジャパン』じゃ、ダメですよ。前田さん」

会議の席上、外部のデザイナーがサラッと厳しい意見を言う。前田は特に反論もせず、ニヤニヤして聞いていた。

自分の意見や仮説が否定されても、前田は不快感を態度に表したりしなかった。自分とは違う意見であっても、飄々《ひょうひょう》とした態度で受け入れる。

前田はいつも自分を特別扱いにはしなかった。客観的に見て、自分の意見より周囲の意見のほうが正しいなら、躊躇《ちゅうちょ》なく採用する。前田はそういうタイプのリーダーだった。

スイートルームでは、商品名をめぐって侃々諤々《かんかんがくがく》の議論が続く。有望な案が出るたび、前田は大きめのポストイットに書き、壁にペタペタ貼っていく。議論は紛糾《ふんきゅう》に紛糾を重ねる。太陽が沈み、とうとう深夜になったが、そのまま会議は続けられた。

このミーティングはのちに「暁の会議」と呼ばれることになる。

「このビールの特徴は『一番搾《しぼ》り麦汁だけを使った贅沢なビール』という点にある。だったらストレートに『一番搾り』ではどうだろう」

もはや夜も更《ふ》け、明け方近くになった頃、誰かがふとそんなことを言った。すると前田がポストイットに「一番搾り」と書き、壁に貼る。

「たしかに『一番搾り』は最大の特徴だ。ただ、製法を名前にしたビールなんて前例がないよ」

寝不足の目をこすりつつ、早速反対意見を言う者がいた。

「『一番搾り』だと、まるで日本酒の名前みたいな印象だな……。たしかそんな名前の日本酒があったと思う」

あくびを嚙《か》み殺しながらそう言う者もいた。事実、新潟県新発田《しばた》市の菊水酒造から、「ふなぐち菊水一番しぼり」という日本酒が販売されてはいた。ただ新商品はあくまでビールである。

否定的な意見ばかりが続いたのち、紅一点の福山紫乃がこう言った。

「私は素敵な名前だと思います」

これをきっかけに、「一番搾り」に好意的な意見が続く。帝国ホテルの窓から日を刺すような朝日が差し込む頃には、反対する者はいなくなっていた。

こうして、新製品の名前は「一番搾り」に決まる。89年の12月、年の瀬の出来事だった。「一番搾り」というネーミングの評判はよく、複数の消費者調査でも、好感度スコアは軒並み高得点をたたき出した。

「実験」の隠れ蓑《みの》

89年12月29日。

東京証券取引所の大納会（年内最終取引日）にあたるこの日、日経平均株価は3万

8915円87銭（終値）の史上最高値（当時）を記録する。

日経平均が2万円の大台を超えたのは、「スーパードライ」発売直前の87年1月。その後3年に満たない期間で日経平均はほぼ倍となった。

「4万円突破も時間の問題」

「5万円に届くのはいつか」

などと、市場関係者の期待感ばかりが膨らんでいた。

しかし、90年を迎えると、株価はずるずる下落していく。

いま考えると、バブルの、いや日本経済全体の絶頂期は、この1989年12月29日だったといえるかもしれない。

「一番搾り」は、こうした経済状況の中で、発売準備が進められていた。

一方、商品開発と同時並行で、「一番搾り」のアンテナショップとなるビアホールを、六本木に開設する計画が水面下で進行していた。

この計画を担当していたのは、前田チームの最年少メンバーである島田新一。名古屋支店時代に、ディスコなどに「ハートランド」を売りまくった男だ。

島田は好奇心旺盛《おうせい》で、ちょっとでも気になることがあると、とことん追求しなければ気が済まなかった。彼が30歳を過ぎた頃、気になることがあって、わざわざ有休を取って、ニューヨークのバーまで自腹で調査に赴いたという。

「福岡や札幌に飛ぶ感覚で、ニューヨークに行ってしまう人でした」

島田をよく知るキリン社員はそう証言する。世間一般のサラリーマンとはまったく別世界に暮らしているのが、島田新一という人間だった。

その島田は、「一番搾り」の仕事と並行して、前田の指示で店舗開発の仕事に取り組んでいた。

「一番搾り」のアンテナショップは、「ビアホール・ハートランド」と同じ六本木に予定されていた。

「ビア・ブラッセリーCYRANO（シラノ）」というその店は、当時の六本木のランドマーク「ロアビル（六本木共同ビル）」の隣、「アルマーニ」が入るビルの地下に作られた。

店舗面積は320平方メートル、客席数134席と、それなりに大きな店だった。空間デザインは浜野商品研究所が担当。全面ガラス張りのエントランスを採用するなど、バブル期を象徴する斬新《ざんしん》な造りだった。9本の列柱が妖艶《ようえん》なライティングで浮かび上がる内装をはじめ、高品位かつベーシックな店を目指していた。若者を中心に、六本木に集う洗練された都市生活者がターゲットだった。

当時を振り返って、島田はこう語る。

「前田さんはいつも、新商品と一緒にお店を作っていました。そうやってお客様とダイレクトに接する場を用意していたのです。

消費者調査や机上の分析だけで判断するのを前田さんは避けていました。一般のお客様がその商品をどう受けとめているのか、お店で生の声と反応を集めて、商品の改良や新商品の開発につなげていました。この点で、前田さんはほかのマーケターと大きく違っていました。

しかも前田さんはリーダーとしても非凡でした。当時、入社3年目の若手に過ぎない僕に、『シラノ』のことはすべて任せてくれていましたから」

「シラノ」は、90年3月3日にオープンする。「一番搾り」発売予定日3月22日の直前だった。

店名の「シラノ」は、フランスの戯曲「シラノ・ド・ベルジュラック」(エドモン・ロスタン作)の主人公にちなんでいる。

「シラノ」では常時27種類ものビールを提供した。新たなビール文化を発信する一方、消費者の反応を収集し、商品開発に反映する狙《ねら》いがあった。

キリンは89年から、「フルライン戦略」をスタートしていた。ライバルのアサヒは

「スーパードライ」だけで勝負する「一本足打法」。そのためキリンは、数多くの商品を幅広く展開する戦略を採用したのだった。

キャッチコピーは「BEERS NEW」。「シラノ」はその「フルライン戦略」を実行するためのアンテナショップに位置づけられていた。

「キリンブランドの全15種類（当時）のビールを、すべて樽生《たるなま》で飲める」ことを売りとした。「ハートランド」はもちろん、神奈川県の一部地域で限定発売されていた「ハートランドアルト」のほか、主力の「ラガー」も、熱処理していない樽生ビールで提供した。

キリンにとって「ラガー」は特別な位置づけのビールだ。とりわけ社内の主流である営業部門にとって、「ラガー」は魂そのものである。

そんな「ラガー」を、前田と島田が自分たちの店で、あえて手を加えて提供していた意味は大きい。

前田と島田にとって、「シラノ」は、そうした「実験」をするための格好の隠れ蓑《みの》だった。彼らが手掛けた「一番搾り」も、その樽生ビール版を「シラノ」のメニューに載せていた。「シラノ」では、普通なら考えられないような、かなり変わったお酒がメニューに加えられていた。

その一つ、「アドリブビール」は、炭酸水で割ることで、客が10度、7度、5度、3度、1度と好きなアルコール度数を選べるという趣向だった。

また、「みかんドライ」「ハーブ・ラガー」「バナナ・ライト」といった、普通はビールに入れない食材を使った、5種類のオリジナルビアカクテルも用意された。

これらはみな、若い消費者の嗜好《しこう》を知るために作られた、実験的メニューである。ハウスビール「シラノ」も、そうした実験的メニューの一つだった。

普通のビールはジョッキやグラスで提供されるが、この「シラノ」は350㎖瓶で提供されていた。ほかのビールが500円だったのに対し、「シラノ」は600円と、プレミアムビール価格だった。

この「シラノ」は島田が中心となって開発したビールだった。島田とやりとりを重ね中身を設計したのは、京都工場の醸造技術者だった松沢幸一である。

「シラノ」は副原料に吟醸米を使用していた。味と色はやや濃いめだが、吟醸米を使うことでさっぱりとした後口《あとくち》に仕上げた。

キリンは88年に、日本初のミニブルワリー（小規模な醸造設備）を京都工場に導入し、多品種少量生産体制を整えていた。そのおかげで「シラノ」の生産が可能になったのである。

「シラノ」の経験は、のちにキリンが2010年代に始めるクラフトビールプロジェクトに活《い》かされることになる。そして、島田自身がクラフトビール事業の中心人物となっていく。15年4月には、渋谷区代官山に、小規模ビール醸造施設付きビアレストラン「スプリングバレーブルワリー東京」がオープン。その店舗用地を見つけてきたのも島田だった。

「シラノ」オープン時、「一番搾り」は発売を待つばかりとなっていた。

調査結果を見る限り、「一番搾り」の大ヒットは間違いなしだと思われた。

ところが、バブル崩壊の年に、物語は思わぬ展開を迎える。

敗北の6年間

「一番搾り」が発売された1990年、キリンには暗雲が漂っていた。

その前年のシェアは48・8％と、22年ぶりに50％を割っていた。「フルライン戦略」を打ち出し、次々に新商品を投入したが、いずれも不発に終わったのが大きい。

ビール業界そのものはむしろ活況を呈していた。ビール市場は83年に対し、84年から89年までの6年間で30％も成長している。特に、87年に「スーパードライ」を発売したアサヒは、販売量を約3倍に伸ばしていた。この間、販売量を減らしたのはキリンだけだった。減少幅は3％程度だったが、市場全体の伸びや他社の躍進と比較すると、大きな後退である。

この「敗北の6年間」に、キリンの社長を務めていたのが「キリンの天皇」本山英世だった。

この年（90年）、本山は任期を終えて退陣する予定だった。しかし、キリンの経営悪化を受けて、引責辞任するどころか、「難局を切り抜けられるのは自分しかいない」と言わんばかりに、1期2年の続投を決めたのである。

本山の社長就任は84年4月だったので、3月で在任3期6年を迎える。

前任の小西秀次（90年当時相談役）も社長を3期6年務めている。基本的にキリンの社長は2期か3期で交代するのが戦後のならわしだった。

キリンはもともと三菱財閥系で、「三菱の金庫番」と呼ばれた優良企業だった。三菱の風土は「組織重視」。同様にキリンも組織を重視する社風だった。

それゆえ、「天皇」本山といえども、「社長は2期か3期で交代」という、「組織のルール」を覆すことはできない。

なのに、それが通ってしまったのは、「組織」にほころびが生じていた証拠にほかならない。

本山の後継社長は本来、常務・大阪支社長の桑原通徳になるはずだった。

桑原は本山の6歳年下で、本山と同じ一橋大学の経済学部を卒業している。ともに営業出身で、アサヒの「牙城《がじょう》」の大阪で結果を残し、大阪支店（社）長を務めた点も共通している。

二人を知るキリン元幹部はこう話す。

「敵地ともいえる大阪の最前線で一緒に戦った二人は、肝胆相照《かんたんあいて》らす仲でした。当時、本山さんは病気がちで、入院することもありました。その際、わざわざ病院までお見舞いに行っていたのは桑原さんくらいでした。それくらい、二人の関係は近かったのです。

その二人の間に、ある問題が起きていました。

全国でも大手の、とある大阪の特約店（卸）を本山さんが担当していました。その特約店が、桑原さんが担当する別の特約店と、競争関係になったのです。結果、大阪の構図が、〝本山派vs桑原派〟に割れてしまいました。

本山さんが社長に留任した背景には、大阪のパワーバランスを崩したくないという思惑もあったと思います。

桑原さんは誇り高き営業マンで、志を持った経営者でした。阿諛追従《あゆついしょう》ばかりのイエスマンとしてやっていく人ではありません。そういう人だったから、桑原さんの周りには人が集まり、前田さんをはじめ多くの人材を育てました。それはまさに『桑原学校』と呼ぶにふさわしいものでした。

一方、本山さんは『天皇』と呼ばれたほど、絶大な力を持っていました。周りにはイエスマンばかり寄ってきます。しかし桑原さんは本山さんのイエスマンになりきることができませんでした。桑原さんが社長になれなかったのは、そういう事情もあったと思います。

ただ、実力を考えれば、桑原さんは当然トップになるべき人でした。そういう人材がトップになれなかったことが、キリンの経営に大きな影を落としたと思います。

桑原さんが社長に就任していたなら、アサヒに負けることはなかったでしょう」

桑原は本山の前でも、自分の意見を率直に語った。

本山の留任が決定した前後、桑原は経営会議において「このままではアサヒに負けます」と、本山に直言していたという。

その時、居並ぶキリン役員からは失笑が漏れたという。

キリンのシェアは依然48・8％もあった。対するアサヒは24・2％に過ぎない。その当時の役員に「逆転」を予想しているものはいなかった。

しかし、その後のキリンの運命は、桑原が正しかったことを示している。

経営悪化の責任は当然トップが負わなければならない。88年にサッポロビールはアサヒに抜かれ業界3位に転落しているが、89年3月に経営トップが交代している。

機能不全に陥った企業では、社長が経営責任を取らず、また役員たちも社長の責任を追及しないという光景が見られる。

そこにあるのは、現状維持という名の「保身」だ。

企業にとって、好業績をもたらす社長のほうが望ましい。現状維持が意味をなすのは、当の社長本人と、取り巻きの役員だけだ。

社長として、どれだけ業績に貢献したのか。その点を無視して、トップ人事を権力闘争の材料にしていれば、組織が腐敗するのは当然だ。

本山の本心がどうだったのかは、いまとなってはわからない。内心では、桑原の「予言」こそ正しいと思っていた可能性もあるだろう。

ただ、結果として本山は続投し、桑原の社長就任は消えてしまった。

前田は「桑原学校」の門下生だった。前田が辣腕《らつわん》を振るうことができたのも、桑原という後ろ盾があったからだ。

しかし桑原の社長就任が事実上消えたことで、前田の立場も弱くなってしまう。一方、本山に近い「イエスマン」たちはこれで息を吹き返し、2年後に再びやってくる「ポスト本山レース」を見据えて、色めき立っていた。

「ラ党の人々」事件

それは、正月休みが明けたあとの、最初の火曜日だった。

時刻は午後3時。ちょうど東証の後場《ごば》の取引が終わったばかりだった。霞《かすみ》が関《せき》にある農林水産省3階の農政クラブで、キリンの「90年事業方針」発表会が始まっていた。登壇したのはキリンの中茎啓三郎専務・ビール事業本部長。当時、新聞記者だった筆者もこの会見に出席していた。

席上、中茎はキリンの販売シェアが5割を切ったことを正式に認める。同時に、シェア50%の奪回を目指し、主力商品「ラガー」の強化と、「フルライン戦略」の継続を表明。

その第1弾として、「ラガー」初の派生商品「マイルドラガー」を、関東甲信越限定で、2月2日に発売すると発表した。

「ラガーの特徴である苦みは変えず、さっぱりした味を目指した」と中茎は説明する。

希望小売価格は、大瓶が300円（税込）と、「ラガー」と同価格だった。

一方、この席上、春に大型商品を投入することが、まるで付け足しのようにひっそり予告された。この大型商品こそ、前田チームの「一番搾り」にほかならない。

だがこの時点ではまだ商品名さえ明らかにされていなかった。

それは情報統制のためではなかった。キリンの中核はあくまで「ラガー」。「一番搾り」は二番手に過ぎなかったのだ。

「ラガーは市場のトップブランド。そのラガーをもってスーパードライを止める」

主流の営業部をはじめ、キリン上層部はあくまでそういうシナリオを考えていた。それほど「ラガー」の地位は絶対的なものだった。

「マイルドラガー」を含めた「ラガー強化策」は、マーケティング部第1チームが担当していた。一方、前田が率いるのは第6チームである。部内の序列にも「ラガー」と「一番搾り」の違いが現れていた。

その第1チームは「ラガー」強化策の一環として、大規模な広告キャンペーンを展開する。

その名も「ラ党の人々」。「ラ党」の「ラ」とはもちろん「ラガー」を意味している。

すでにこの年の1月3日付の各紙朝刊に、「ラ党の人々」の全面見開き広告が掲載されていた。ただ、広告戦略の中心は、1月16日から放映されるドラマ仕立てのCMで、テレビCM「ラ党の人々」は、1年間かけて展開するドラマ仕立てのCMで、テレビ界としても初めての試みだった。ソフトバンクのCM『白戸家』をはじめ、いまではお馴染《なじ》みの手法だが、当時は斬新だった。CMの作・演出はつかこうへいが担当。主演には当時人気だった松坂慶子が起用された。

毎月CMの中身を変え、季節に応じた訴求を狙うこのCMは、1月9日の会見でも、多くの記者の関心を集めていた。この時点でCM制作は12月放送分まですべて終わっていたという。

「ラ党の人々」は、キリンが久々に取り組む大型キャンペーンだったのである。シェア6割時代のキリンは、独占禁止法に抵触する恐れがあるため、売り上げを伸ばすことができなかった。そのため、商品広告をきちんと打てない時期が長く続いていた。

ところが、社内の期待を背負った「ラ党の人々」CMの放映開始直後に、とんでもない事件が発生する。

出演していた俳優の勝新太郎が、コカインと乾燥大麻を隠し持っていた容疑で、ハワイの空港でホノルル税関当局に逮捕されてしまったのだ。奇《く》しくも「ラ党の人々」放送開始直後の、17日未明（日本時間）の出来事だった。

勝新太郎は『座頭市』シリーズで知られる、超大物俳優。その勝の逮捕は、当然ながら日本で大騒動を巻き起こした。

17日付の毎日新聞夕刊が『勝新太郎容疑者麻薬で逮捕』と社会面トップで報じ、同日の朝日新聞夕刊も同様に『「座頭市」麻薬で逮捕』と報じるなど、新聞各紙は一斉に大きく伝えた。勝は麻薬を下着に隠していたため、夕刊紙やスポーツ紙、週刊誌は「パンツ事件」と面白おかしく書き立てた。

ＣＭ放映が始まった翌日の不祥事はまったくの想定外だった。ただキリンの対応は素早く、17日には早々とＣＭの放送自粛を決める。テレビ界初のドラマ仕立てＣＭは、わずか1日でお蔵入りとなった。

17日付の毎日新聞夕刊によれば、キリンは「すでに数億円を投入」していたという。金銭的な損失もさることながら、不祥事によってＰＲ計画に狂いが生じることも痛手だった。同毎日夕刊には、「勝新太郎を信頼してコマーシャルに起用しただけに残念だ。裏切られた気持ちだ」というキリンのコメントが紹介されている。

結果キリンは、ラガーの販売強化策を中心に据えた90年の商品戦略を根本的に変更する必要に迫られる。

事件はキリンの役員人事にも影響を与える。「パンツ事件」の発生は、本山社長の続投が発表された直後で、社長人事には直接影響しなかった。ただ、キリン社内では責任問題が持ち上がった。

当時「ポスト本山」の有力候補と目されていた宣伝担当役員が、事件の責任を取り、本山に辞表を提出したという。

この宣伝担当役員に、辞職するつもりはなかった。どうやら、自分から責任を取ると言えば、本山の性格上、無下には扱わないだろうという「作戦」だったようだ。

そもそもキリンは被害者である。この役員が責任を実感できなかったとしても無理はない。

彼の思惑通りに事態が進めば、辞表は受理されず、責任はうやむやになるはずだった。

だが、提出された辞表を、本山はなんと受理してしまう。役員の思惑は外れ、いずれ社長になるどころか、あえなく退職する羽目になったという。

当時のキリン幹部が事情を説明する。

「この宣伝担当役員は、本山さんの側近だった。だから自分は本山さんから信頼されていると思っていた。それに本山さんの性格や振る舞いを熟知していた。それで役員は『パンツ事件』の責任を感じていると、自分からアピールするほうが、得だと考えたわけです。

つまり、役員が辞表を提出したのは、単なるポーズで、本当は辞めるつもりはなかった。本山さんは自分を信頼しているので、必ず慰留してくれると信じていた。ところが、役員の思惑は外れました。本山さんは意外にも、あっさり辞表を受理してしまったのです。

当時のキリンには自分から責任を取って辞める役員などいなかったので、社内に衝撃が走りました。この役員は本山さんの後継者としても名前が挙がる人物でした。そのため『ポスト本山』レースにも影を落としました」

突然の左遷《させん》

「一番搾りの伝道師役は君がやりなさい」

前田のチームには、開発の裏話を語ってほしいというオファーが全国から相次いでいた。そのほか、マスコミからの取材依頼もあった。

そうした案件をさばく「スポークスマン」の役割を、前田は自分より12歳年下の舟渡知彦に託した。

「一番搾りの開発にすべてを捧《ささ》げた89年は、私の人生でもっとも熱い1年間でした。その話を、少なくとも300回以上、講演やセミナーでお話ししました。本来、ジンさんがやるべき役割なんですが……」

舟渡がスポークスマンを務めているうちに、キリン社内でも、「一番搾りを開発したのは舟渡」というイメージができ上がっていったのだという。

前田チームの最年少メンバー島田新一と同期（87年）入社だった上野哲生は、次のように話す。

「一番搾り発売と同じ頃、私は岡山工場労務課から、北陸支社に異動し、富山県で営業をしていました。新聞や雑誌には舟渡さんがよく登場していて、一番搾りは舟渡さんと島田が中心になって作ったと勝手に思っていました。前田さんは本社では有名人だったのでしょうが、末端の私たちは存在さえ知りませんでした」

ちなみにこの7年後、上野も前田の部下となって、ある特別な商品の開発に携わることになる。

舟渡はもと醸造技術者で、広報や取材対応の専門家ではなかった。

その舟渡が前田に代わって「スポークスマン」を務めた背景には、やむを得ない事情があった。

その事情とは、前田の「左遷」だった。

前田はにわかに人事異動の対象とされ、ビール事業本部マーケティング部第6チームのリーダーから外された。しかも、異動先は経験のないワイン部門だった。

当時、キリンのワイン事業は規模が小さかった。存在感の薄いワイン部門に、花形のビール新商品開発チームのリーダー前田を異動させる人事は、誰の目にも「左遷」とうつった。

なぜ、前田は左遷されたのか。

当時の事情を知るキリン関係者は、次のように語る。

「(社内コンペで前田に敗れた)『キリンのラスプーチン』が、前田さんへの嫉妬《しっと》から人事部を動かし、左遷させたと聞いています」

また別の関係者は、次のように証言する。

「当時、営業部とマーケティング部は険悪な関係だった。そのマーケティング部で頭角を現していた前田さんを、営業部が切ったそうです」

どちらも事情に通じた関係者の証言だが、いずれにしてもはっきりした証拠はない。

ただ、証言からは、キリン社内の権力闘争が見え隠れする。

一方、前田をかばう動きもあったようだ。のちにキリンの役員を務めた別の関係者は、次のように証言する。

「前田さんは当初、ビール事業本部の外部組織である外食事業開発部に異動するはずでした。『ビアホール・ハートランド』や『DOMA』『シラノ』など、飲食店舗の開設において前田さんは手腕を発揮していました。ただ、前田さんの才能がもっとも活きるのはマーケティング、それも新商品の開発であるのは明らかです。

しかも、外食事業開発部に異動すれば、マーケティング部のあるビール事業本部から外に出ることになります。その場合、再びマーケティング部に戻るのは難しくなってしまう。そうなったら、不世出のマーケター前田仁も一巻の終わりです。

前田さんへの処遇に危機感を覚える役員もいました。ビール事業本部の重鎮だったある役員が、前田さんの外食事業開発部への転出を阻止しようとします。その結果、前田さんはビール事業本部内のワイン部門になんとか留《とど》まることができた。

こうした攻防が、おそらくは本人も知らないところで繰り広げられていたのです」

前田にとって痛かったのは、後ろ盾の桑原が「ポスト本山」レースから実質的に外れ、力を失っていたことだった。

「人には旬《しゅん》がある」

アサヒ社長を務めた樋口廣太郎はよくそう語っていた。

当時の前田はまさに「旬の人」だったが、キリンはその前田を外してしまったのである。キリンの不朽の名作「一番搾り」が発売されたばかりの90年3月末の出来事だった。

第5章　首位陥落

場外乱闘

「ふざけるな！　一番搾《しぼ》りは発売したばかりだろう。どうして品切れなんだ」

キリン北陸支社で営業を担当するようになったばかりの上野哲生に、卸の幹部はそう言って激怒した。

「一番搾りは一番搾り麦汁しか使っていない、贅沢《ぜいたく》なビールです。二番搾り麦汁を使わない分、ほかのビールよりも生産量が少ない。生産が追いつかないのですよ」

こんな説明で納得してもらうしかなかった。もちろん、在庫が足りないのは「一番搾り」の出荷が予想以上に増えたせいだ。

卸から出荷をせがまれるなんて、まるで「ラガー」全盛期のようだ。

「一番搾り」の大ヒットは、キリンの営業現場の雰囲気を一変させていた。

「営業の先輩からは、『アサヒに押されて防戦一方だ。苦しいぞ』と聞かされていました。ところが、異動と同時期に一番搾りが発売され、これが売れに売れたので、思ったよりも楽でした。むしろ一番搾りが品切れ状態になって、流通対応が大変でした」

上野は87年に東京大学経済学部を卒業し、キリンに入社。岡山工場労務課に3年間勤務したのち、90年3月に北陸支社へ異動。以降、富山県をテリトリーに営業活動を始める。

上野は問屋も酒屋も、そして飲食店をも担当するいわゆる地域営業だった。彼は行く先々で、「一番搾りを一本でも多くもってきてくれ」と要請されたという。

当時、京都工場の技術部門にいた松沢幸一は言う。

「90年、91年と、一番搾りのヒットによって工場はフル操業でした。生産現場の負担は大きかったけれど、メンバーの士気は高まり、増産に応《こた》えていました」

「一番搾り」のヒットが牽引《けんいん》し、キリンの90年の販売数量は前年比10・5％増の2億5500万箱に拡大する。この年2桁《けた》増を果たしたのはキリンだけだった。

「一番搾り」のヒットにより、前田ら開発チームは、当時の本山英世社長から社員表彰（社長賞）を受ける。発売翌年の91年6月のことだった。

前田仁は、この時41歳。働き盛りのサラリーマンが手にした栄光だった。

受賞によって、前田仁の名前はキリン社内で有名になっていく。

しかし、当の前田はすでにワイン部門へ異動させられていた。

「一番搾り」が巨大なヒットとなっていくのを、殊勲を立てた男は横目で眺めるしかなかった。

ただ、前田が腐ることはなかった。異動をきっかけに独学でワインの勉強を始める。ブドウ品種や産地、テロワール（畑の地形などの生育環境）、料理との相性、歴史などについて、ゼロから勉強していったのである。

「天皇」の辞任

その頃、日本社会は大混乱の真《ま》っ只中《ただなか》にあった。

不動産価格の暴騰《ぼうとう》を制御しようと、大蔵省銀行局（当時）が1990年3月に総量規制を導入。不動産向け融資の伸び率が、貸出全体の伸び率よりも低く設定されると、不動産バブルは徐々に沈静化していった。

それにともない、日経平均株価は、梯子《はしご》を急に外されたかのように暴落を始める。

90年8月には中東で湾岸危機が発生。原油価格が上昇し、その影響は日本経済を直撃。景気全体が冷え込んでいく。

89年12月29日の大納会からわずか9カ月後、90年10月1日の日経平均株価はついに2万円の大台を割り、ピーク時の約半分にまで値下がりした。

経済が打撃を受ける一方、政治の世界でも大変動が起こっていた。

92年には当時、自民党副総裁の金丸信《かねまるしん》が、5億円もの闇《やみ》献金を受け取っていたことが発覚、最終的には議員辞職に追い込まれるという「東京佐川急便事件」が起きた。

その後、政治改革を求める世論の高まりと、自民党内部の派閥抗争の激化を受けて、小沢一郎が新生党を旗揚げ。政界再編によって細川護熙《もりひろ》政権が誕生し、自民党・社会党の55年体制が崩壊することになる。

こうして世の中が「平成」へと急速に移り変わっていく中、キリンにも時代の節目が訪れていた。

「みなさんの関心は私の進退にあると思う」

それは91年12月9日の夜の出来事だった。

三菱グループの迎賓館である品川の開東閣で開かれた、記者クラブの担当記者との懇親会の席上、キリン社長の本山英世は突然、自身の去就について言及した。

「4期8年社長を務め、ビール事業の基盤をなんとか固めることができた。今期はシェア50%達成も確実となった。よって、社長を引退するつもりです」

突然の「特ダネ」だった。筆者をはじめ、出席していた記者は懇親会どころではなくなった。

本山が退任するとして、誰にバトンを渡すのか。記者の関心は、後任人事に集まる。だが、本山の話はそこまでだった。

「後継者については、正月にゆっくり考えたい」

核心には触れなかったが、本山は終始にこやかだった。

「君たちは、誰が（次期社長に）相応《ふさわ》しいと思う?」

と、マスコミ嫌いの本山には珍しく、記者たちに問いかける場面もあった。

懇親会がお開きになったあと、筆者をはじめ記者たちは、東戸塚にあった本山邸へ夜回りに訪れた。だが本山は会ってはくれなかった。マスコミ嫌いの本山は、記者が夜回りに訪れても会わないのが通例だった。

こっそり張り込もうとした記者は、本山の飼っている忠犬・麒麟丸《きりんまる》（柴犬《しば》）に吠《ほ》え立てられ、あえなく追い返されてしまう。

情報がない中、マスコミ各社は、キリンの次期社長を予想。スポーツ紙の競馬コーナーよろしく、各紙がその予想を勝手に記事化していった。

「大本命」は、ビール事業本部長だった中茎啓三郎だった。

しかしながら、実際に本山が後継者に指名した人物は、ほとんどの新聞が予想しない「大穴」だった。予想を的中させたのはわずか１紙しかなかった。

後継者がお披露目されたのは、懇親会から約１カ月ほどあとのことだった。

92年１月９日午後。農政クラブで開かれた記者会見に、本山に代わって新社長となる男が登壇した。

男の名前は真鍋圭作。前年からキリン専務を務めていたが、マスコミ各社はほぼノーマークだった。

真鍋はこの時60歳。東京出身で、55年に東京大学法学部を卒業し、キリンに入社している。

なぜノーマークだったかといえば、真鍋が人事部出身だったからだ。

本山も、前任の小西秀次も、キリンの主流である営業出身だった。営業出身者以外が社長に就くのは、実に14年ぶりの出来事だった。

記者会見の席上、真鍋は次のように「本山路線の継承」を宣言する。

「本山社長が敷いた路線を継承し、ビール事業の着実な拡大を目指す」

「自分にはカリスマ性はまったくない。今後カリスマになろうとも思わない」

一方の本山は、真鍋を指名した理由をこう語った。

「グループ発展のためには、医薬やバイオなど、経営の多角化を推進しなければならない。そのためには適材適所の人事が必要だ。彼にはその能力がある」

本山はなぜ、真鍋を選んだのだろうか。

実は、二人の間に深いつながりが生まれていたからだった。

真鍋はある事情で窮地に陥り、人事部を離れなければならなくなった。この時、背後で真鍋を助けたのが、常務になって間もなかった大阪支店長の本山だった。

本山は真鍋を80年夏、神戸支店の副支店長に異動させる。この時の神戸支店長は桑原通徳だった。

この恩があるため、真鍋は本山に頭が上がらなかった。

つまり、「真鍋新社長」とは、「キリンの天皇」本山の「院政」にほかならなかった。

ただ「本山路線」はさまざまな問題に直面していた。

「本山さんの見立てとは裏腹に、キリンのビール事業は復活していなかった」

と、当時を知る幹部は述懐する。

現実に、キリンの91年販売シェアは、どうやら50％に達してはいなかった。92年1月6日、大手4社はそれぞれ、91年の年間販売数量を発表。翌7日の新聞各紙は、発表数字を元に集計し、キリンのシェアが49・9％だったと報じた。これに対しキリンは「自社集計では50・1％で、目標を達成した。ライバル社が水増し申告して発表した」と主張した。

そのため、キリンは、のちに「第一次暗黒時代」と揶揄《やゆ》されるような厳しい状況へと、徐々に転落していくことになってしまう。

もっとも、本山の「院政」は長くは続かなかった。ある不祥事の責任を取り、本山は会長を辞任することになる。

不祥事とは、93年7月に発覚した「総会屋への利益供与」事件だ。現役社員から逮捕者を出すなど、名門企業としてのキリンの看板に、大きな傷がついた。

のちにキリンの社長・会長を務めた佐藤安弘は、05年9月に連載した日本経済新聞の「私の履歴書」の中で、事件について次のように記している。

「七月十四日、警視庁捜査四課などは総務部の社員、元社員四人と総会屋八人を逮捕した。（中略）当社が謝礼金などを支払った総会屋は四十二人に及び、利益供与の総額は四千六百万円強に上ることが分かった。（中略）警視庁の摘発には〝一罰百戒〟

という印象も受けたが、許されない法令違反だったことも確かである。（中略）騒然となった社内を見て非常時にこそ、ヒトの価値が分かると感じた。腹が座っている役員もいれば、ガタガタと震えながら『自分も警察に呼ばれるのではないか』と繰り返す役員もいた。総じて、普段ペラペラと調子よくおしゃべりしていた人ほどダメだった」

佐藤は58年にキリンへ入社し、当時子会社だった近畿コカ・コーラボトリングの立ち上げのため、資金調達に奔走する。キリン主流の営業出身ではなく、事件当時、経理担当常務に就任したばかりだった。

ところが事件発覚後に、本山とともに引責辞任した副社長の代役として、佐藤は総務担当へとスライドする。

事件当時、キリン本社に勤務していた社員はこう証言する。

「事件が明るみに出て、キリンの役員たちは責任から逃げてばかりだった。みな自分のことしか頭にないように見えた。

しかし、佐藤さんは違った。事件処理を直接担当したこともあるが、裁判でみずから証言台に立ったり、逮捕された社員と家族に寄り添うなど、腹を決めて真正面から事件に向き合おうとしていたから。本社役員の中で唯一《ゆいいつ》の『男』でした」

本山は、会長を辞任したあとでも、頻繁に会社へ顔を出していたという。サラリーマン社長が引退後に、会社に足繁《しげ》く通うのは、日本企業でよく見られる光景だ。

ある日本企業では、大ヒット商品を生んだマーケターだった元役員が、80歳を過ぎても頻繁に会社に顔を出しては、いろいろと意見を述べていたという。

当然ながら新経営陣にとって、本山の存在は邪魔でしかない。そもそも、不祥事の責任を取った本山が、いつまでも会社に居座るのは、ガバナンス上も問題である。

そんな本山に向かって、キリンの役員たちは何も言えなかった。

そうした中、一人気を吐いたのが佐藤だった。佐藤は本山に面と向かって「辞任したのだから、もう来ないでください」と注意したという。

多くのキリン社員は心中で、佐藤に拍手を送った。

ちなみに、筆者は引退後の本山に取材したことがある。利益供与事件から2年近くが経《た》った95年3月、場所はキリンの原宿本社（当時）だった。

取材の内容が、本山が通った旧制開成中学（現開成中学・高校）についてだったこともあってか、本山は終始リラックスしていた。

「お前は一匹狼《おおかみ》になっていたのか……。会社が潰《つぶ》れて大変だったろう」と、マスコミ嫌いで有名な本山にしては珍しく、筆者の境遇を気遣ってくれさえした。

その日、本山は柔道に没頭した中学時代について、嬉々《きき》として語ってくれた。そこには、かつて「天皇」「鬼」と呼ばれた絶対権力者の面影はなかった。代わりに日本全国どこにでもいる好好爺《こうこうや》の姿があった。当時、本山は69歳になっていた。「本当は社長なんか、やりたくはなかったんだ。断り切れなくて、仕方なく引き受けたんだよ」。最後にこう漏らしたのが、印象に残っている。

80年代前半にキリンに入社し、営業、本社スタッフなどを務めた元幹部は、本山についてこう話す。

「本山さんはとにかく怖かった。仕事には厳しく、若手に対しても容赦がなかった。本山さんの周りには独特の緊張感が漂っていた。ただ、あの張り詰めた空気の中で働けたことで、自分は鍛えられたと思う」

シェア6割時代のキリン社内には、弛緩《しかん》した空気が覆《おお》っていた。そんなキリンにおいて、本山はむしろ異質な存在だった。ある意味、本山のような厳しいトップがいたおかげで、キリンは大崩れを免れていたのかもしれない。

本山の蒔《ま》いた種は、その後、大きく花開く。経営多角化を目指して始めた、医薬やバイオ、花卉《かき》、外食などの事業は、現在のキリンを支える重要な事業に育っている。

本音を語った夜

一方、前田は「左遷《させん》」にも腐ることなく仕事に取り組んでいた。

前田は92年10月16日に、渋谷区円山町の東急文化村前に、キリン直営のワインレストラン「ｆｒｏｍ　ＤＡＮＣＥ（フロムダンス）」を、翌93年３月20日までの期間限定でオープンさせている。

「フロムダンス」は、農業用温室を使った、ガラス張りのモダンな空間だった。提供される料理は、ブイヤベースやスープフォンデュなど、気軽に楽しめる欧風料理。カロリーを４割抑えた微発泡性ワイン「ダンスライト」など、この店限定のワインも提供していた。

閑職に飛ばされながらも、前田は仕事にやりがいを見出《みいだ》していた。だが、そんな前田に追い打ちをかけるような事件が勃発《ぼっぱつ》する。

「フロムダンス」の営業期間が終わる93年３月、前田に再び人事異動が発令された。

その結果、前田は、マーケティング部に戻るどころか、さらなる閑職に飛ばされることになった。

今度はグループ傘下《さんか》の洋酒メーカー、キリン・シーグラム（現キリンディスティラリー）への出向を命じられたのである。

子会社への出向となると、今度こそビール事業本部から離れることになる。マーケティング部に戻る可能性は、限りなく低くなってしまう。

この時、前田は43歳。社内外で「マーケティングの天才」として名前が知られ始め、脂《あぶら》が乗り切っていた。

本来なら、「一番搾り」の手柄によって、より高い地位を約束されてしかるべきだった。

だが、前田はマーケティング部どころか、本社からも追われることになる。

まさに、「出る杭《くい》は打たれる」の格言通りだった。「一番搾り」の大ヒットによって、前田は完全に目をつけられてしまったのである。

前田と同じ73年入社組である松沢幸一は、92年夏に京都工場から経営企画部に異動し、原宿のキリン本社で働いていた。

マーケターの前田とエンジニアの松沢が同じチームで仕事をすることはなかった。だが、二人は不思議とウマが合ったという。

前田は「ジンさん」か、「マエジンさん」と呼ばれることが多かった。ただ、前田と松沢の間では、「まえちゃん」「まっちゃん」と呼び合っていたそうだ。

それは前田に子会社への出向が命じられたあとのことだった。その日、前田と松沢は一緒に飲みにいく約束をしていた。

「フロムダンス」の近くで待ち合わせる。花冷えのする夜だったが、渋谷は相変わらず若者で溢《あふ》れ返っていた。

二人は雑踏をかき分け、路地の奥にある小さな飲み屋に入った。

運ばれた瓶ビールをコップに注ぎ口にすると、ほどなくして、前田はこう言ったという。

「キリンは、なんて酷《ひど》いことをする会社なんだろう……」

ワイン部門への異動の際は、不平らしい不平も言わなかった前田だったが、今回、子会社への出向を命じられて、さすがに耐えかねるものがあったのだろう。

この夜、前田は親しい松沢を相手に、会社への憤《いきどお》りと、不満をぶちまけたのだった。

「まえちゃん、やけを起こさず我慢してくれ。いつかきっと、会社がまえちゃんを必要とする時が来る」

その夜、松沢は落ち着いた声で前田にそう語りかけ、慰め役に徹したという。

二人が店を出ると、相変わらず渋谷の夜は賑《にぎ》わっていた。

当時リリースされたばかりだった、レニー・クラヴィッツの「Are You Gonna Go My Way（自由への疾走）」がどこからともなく聞こえてきた。

アップビートの独特なギターリフが繰り返された後、「I have come to save the day（俺は世界を救うためにやってきたんだぜ）」という歌詞が前田の耳に響いた。

それはまるで、前田自身のことを歌っているかのようだった。

アサヒの罠《わな》

「生ビール売上№1」

キリンにとって、なんとも忌々《いまいま》しいコピーが躍る。

それは95年2月から3月にかけてアサヒが打った、「スーパードライ」の広告だった。このキャッチコピーは、テレビのほか、新聞や雑誌でも使われていた。

当時、二宮裕次はアサヒのマーケティング部次長兼宣伝課長だった。

二宮は02年3月、筆者の取材に対し、この「№1広告」について次のように打ち明けてくれた。ちなみに、取材時の二宮は執行役員マーケティング本部長に昇格していた。

「アサヒとしては、一か八かの賭《か》けでした。狙《ねら》いはキリンの『敵失』、つまりミスマーケティングを誘うことにありました。『生ビール売上№1』を打ち出すことで、キリンが対抗策を打つことを期待していたのです。

具体的には、市場の№1ブランド、ラガーの味や中身を変えてくることを想定していました。広告を使った情報戦略、一種の『諜報戦《ちょうほうせん》』でした」

「スーパードライ」が、生ビール№1になったのは88年。つまり、アサヒは№1になって6年以上経過してから、広告を打ったことになる。

アサヒがこのタイミングで「生ビール№1」を訴求したのは、「ラガー」を揺さぶるためだった。

1888年（明治21年）発売のラガー（当時の商品名は「キリンビール」）には、中高年男性を中心に根強い固定ファンがいた。

それは「スーパードライ」が、どうしても切り崩せない「岩盤支持層」だった。

そこでアサヒは、この「陽動作戦」を立案し、実行したのである。

しかし、キリンがアクションを起こさなければ、何の意味もなかった。あるいは逆に、むしろこの機会にキリンが「ラガー」でなく、若者に人気の「一番搾り」で勝負をかけてきたら、「スーパードライ」は厳しい戦いを迫られてしまう。支持層が重なっていたからである。

アサヒにとっては「危険な賭け」だったのである。

アサヒの樋口廣太郎が社長の座を降りたのは92年9月。キリン社長が本山英世から真鍋圭作に交代してから、半年ほどあとだった。

樋口に代わってアサヒ社長に就いたのは、営業出身のプロパー、瀬戸雄三だった。実に5代ぶりのプロパー社長の誕生だった。

この時、樋口は出身銀行である旧住友銀行の意向ではなく、自分の判断で、瀬戸を社長に起用したという。

「瀬戸には社内の人望がある。引き続き（旧住友）銀行から人を受け入れるが、社長にはしない」

当時、樋口はそう筆者に語っていた。

これは樋口だからこそできたトップ人事で、彼の功績の一つと言っていい。

一方、アサヒ社長に就任した瀬戸を待っていたのは、樋口が残した〝負の遺産〟だった。

バブル期にアサヒは、積極果敢な設備投資、海外投資を行っていた。その結果、アサヒは多額の有利子負債を抱えていた。

02年４月、当時は相談役に退いていた瀬戸は、筆者の取材にこう語った。

「私が社長に就任した92年末の段階で、有利子負債は１兆４１１０億円もありました。この年の連結売上高は９４９０億円。つまり、売り上げの約１・５倍もの借金があったのです」

「(社長になる前に) 私は樋口さんにずいぶん意見を申し上げた。しかし、誰も樋口さんを止めることはできなかった」

多くの日本企業と同じく、アサヒは財テクにも手を染めていた。それがもとで含み損を抱え、損金処理が必要になっていた。

当時は連結での開示義務がなかったため、アサヒの厳しい財務状況を知っているのは、社長の瀬戸と、ごく一部の幹部に限定されていた。

瀬戸は「売り上げの拡大と効率化 (シェアアップと毎年１００億円規模のコストダウン)」を掲げ、約10年かけて財務を再建する。２０００年度には赤字決算を決断してまで、財務の「ウミ」を出すことに専念した。

その過程で打った「No.1広告」には、そうしたアサヒの切迫した経営事情がかかわっている。つまり、「一か八かの賭け」でシェアを拡大しなければ、経営危機が待っていたのである。

ダイエーや日産と同じく、凋落《ちょうらく》の道をアサヒが進んだ可能性もあったのだ。

「No.1広告」からほぼ10カ月後の、96年1月9日午前9時。

瀬戸はアサヒビール社長室で、ある新聞記事を読んでいた。

記事は、キリンが「ラガー」を非熱処理タイプに切り替えると報じていた。つまり、「ラガー」を生ビール化するというのだ。

読み終えた瀬戸は立ち上がると、「No.1広告」を担当した二宮と、がっちりと握手を交わして、こう言った。

「よし、これで勝てる！」

二宮もうなずいた。

「はい。生ビールはアサヒの得意分野、いわば『土俵』です。キリンは、その我々の土俵に、みずから上がってきたのです。

キリンは自分でミスをしたのではありません。我々がキリンのミスを誘ったのです。

これでキリンの主力商品が変わります。これからラガーの固定ファンが、離れ始めます」

そう熱く語った二宮に、瀬戸は力強く言った。

「ラガーから離れた顧客を、スーパードライで取り込むんだ。一気に攻めるぞ！」

ラガーvs一番搾り

キリンの内部ではいったい何が起きていたのだろうか。「一番搾り」開発メンバーで、95年当時もマーケティング部に在籍していた舟渡知彦は言う。

「アサヒのNo.1広告は、みんな嫌がっていました。特に嫌がっていたのは営業部門でした」

「No.1広告」の少しあとの6月に、キリンは「キリンビアーズカップ'95夏の決戦投票」という、やや変わったキャンペーンを実施した。

これは「ラガー」と「一番搾り」のどちらが好きか、消費者がハガキで投票するという人気投票企画だった。

テレビＣＭには中山美穂、鈴木杏樹《あんじゅ》といった、当時人気の若手女優を起用。ＣＭでは中山が「がんばれラガー」、鈴木が「がんばれ一番搾り」と、それぞれ訴えていた。

投票の結果をキリンは公表していないが、「一番搾り」が圧勝したとされている。

この年の3月、専務に昇格していた佐藤安弘は、投票結果を見て「お客様が支持する商品を売るのがメーカーの役割です」と、「一番搾り」を主力商品にするよう、社内で訴えていた。

ところが、ビール事業本部の中核である営業部門の考えは違った。

「一番搾りの得票が多かったのは、20代の投票率が高かったからだ。潜在的なラガーのファンはまだまだ多い」

そう主張して譲らなかった。

その結果、営業部門が94年から展開する「ラガーセンタリング活動」という、ラガーを中心に販売する流れに、より一層拍車が掛かっていった。

調査結果を無視して、既定路線を進むなら、大金をかけてテレビCMを打つ必要はなかった。

このように、キリンは「ラガー」と「一番搾り」、どちらを主力商品とするかで混乱を極める。

舟渡は次のように語る。

「一番搾りは、東京を中心とする首都圏で圧倒的な強さを発揮していました。特にスーパーでは、スーパードライを完全に凌駕《りょうが》していました。しかし、関西ではラガーやスーパードライのほうがまだまだ強かったのです。ただ、もう少し経てば、関西市場でも一番搾りが浸透していくと思っていました」

「スーパードライ」がまさにそうだったように、東京で火がついたヒット商品が、全国に波及するには、時間がかかる。なので、結果が出るまで「待ち」ながら、「ブランドを育成する」ことが求められる。

実際、トライアルユースで初年度だけ売れる商品はたくさんあった。しかし、バブル期以降に発売されて、その後市場に定着したスタンダードなビールは、「スーパードライ」と「一番搾り」だけである。

ただしキリンには「ラガー」という、№1ブランドがあった。

キリンに繁栄をもたらしたのは「ラガー」であり、ほとんどの社員は「ラガー」によって「いい思い」を享受《きょうじゅ》してきた。とりわけ営業部隊にとって「ラガー」は、「魂」そのものだった。

その「成功体験」を、キリンはなかなか捨てられなかったのである。

生ビール化の失敗

キリンの失策は、「ラガーセンタリング活動」にとどまらなかった。

それは、夏場の商戦が終盤を迎える95年8月10日のことだった。

首都圏を中心に販売され、好評だった新製品「太陽と風のビール」に、雑菌が混入していたことが判明する。

飲んでも人体に影響のない菌（ペクチネイテス菌）ではあったが、ビールが濁っていたり、異臭を発しているケースが報告された。

「太陽と風のビール」を生産していた取手工場の、ろ過工程での洗浄・殺菌用ポンプが壊れていたことが原因だった。

キリンは急遽《きゅうきょ》、記者会見を開いて謝罪し、販売を中止。出荷分を回収する。日頃温厚な真鍋社長も、工場長会議において、この事件への怒りを爆発させたという。

93年の総会屋利益供与事件に続く不祥事に、キリン社内は浮き足立った。

そんな中、営業部門は「ラガー」をより一層強化しようとする。その結果、営業が主張したのが「ラガーの生ビール化」だった。

これに対して、マーケティング部は真っ向から反対した。

「ラガーには固定ファンがいる。味の変更は固定ファン離れをもたらす。それにラガーはまだまだビールNo.1の座にあるので、あわてて味を変更する必要はない」

というのが、マーケティング部の主張だった。

マーケティング部は論点を資料にまとめ、全国支店長会議で配布し、商品戦略の変更を阻止しようとした。

だが、営業部の幹部たちを止めることはできなかった。

当時、本社に勤務していたある幹部はこう指摘する。

「会社がぐらついている時には、正しい意見より、声の大きい人の意見が通るものです。中身がともなった意見よりも、インパクトのある意見のほうが採用されがちです」

事態は、この言葉の通りに進む。

「ラガーを生ビールにしなければ、もうどうにもならない」

営業部の幹部や、大都市の支社長から、こうした声が相次いで上がる。

もちろん、それぞれの営業現場には、切実な事情があったのだろう。

ただ、そうした「声」が、会社全体の利益に結びつくかどうかは、別の問題だ。

会社のためにならない「声」でも、「強烈な叫び」であれば、通ってしまうことがある。機能不全に陥った組織であれば、なおさらだった。

結局、キリンは「ラガー生化」を選択してしまう。人事出身の真鍋社長が下した最後の決断だった。

「もし90年に予定通り桑原通徳さんが社長になっていれば、ラガー生化はなく、その後アサヒに負けることもなかっただろう。桑原さんは営業とマーケティングの両方に精通していたから」

と、当時を知る複数のキリンの関係者は口をそろえて証言する。「ラガー生化」を「オウンゴール」と表現する関係者もあった。

しかし、その桑原は91年3月、子会社だった近畿コカ・コーラボトリング社長に転じていた。

「ラガー」生ビール化の記事が新聞に載った、96年1月9日。

この日は火曜日だったが、キリン・シーグラムでマーケティング部長に就いていた前田仁は、川崎市麻生《あさお》区に購入した自宅に、比較的早めに帰宅していた。

着替えを済ませると、いつになく落ち着かない様子で、ブツブツ独り言を言い始めたという。

「お父さん、どうしたん?」

心配した妻の泰子が声をかけると、前田は難しい表情で返事をしたという。

「ラガーを生ビールにするらしいが、それは致命的なミス、大失敗や……」

当時のことを、泰子は次のように話す。

「前田は、家庭では仕事の話をほとんどしませんでした。でも、ラガーが生ビールになった時には、仕事の話がポロッと出たんです。よほど気にしていたんだろうと思います」

「ラガー」の生ビール化が、キリンに深刻な事態をもたらすことを、前田は読んでいた。

ただ、子会社に出向中の前田には、どうすることもできなかった。

「生ビール」の正体

「日本で売られているビールには、大別して『生ビール』と、『熱処理ビール』の2種類があります。ただ、実はその差はほんのわずかです」

キリン技術部門の元幹部が、このように教えてくれた。

『熱処理ビール』の『熱処理』とは、ルイ・パスツールが発明した低温殺菌法のことを指します。

ビールやワイン、清酒といった醸造酒は、酵母や乳酸菌の働きによって作られています。ただ醸造酒の出荷前には60℃のお湯に30分ほど浸《つ》けて、酵母や乳酸菌を殺菌しているのです。そのほうがより長持ちするからです。

この熱処理の工程を工業的に確立したのは、アメリカのアンハイザー・ブッシュ社（現在はアンハイザー・ブッシュ・インベブ＝ABインベブ）です。

ベルトコンベアに乗せられた瓶ビールに、シャワーのように60℃のお湯をかける、箱型の装置（パストライザー）を発明したことで、アンハイザー・ブッシュ社は開拓時代の西部で大成功を収めました。

日本のビール会社も、アンハイザー・ブッシュ社と同じ装置を入れ、熱処理ビールを商品化しました。その代表例が、キリンラガーです。

ラガーは大ヒット。戦後の日本でビールといえばキリンラガーという時代が訪れました。

そのキリンラガーの牙城《がじょう》を崩すために、ライバル社は一計を案じます。

熱処理の温度を下げるなど、殺菌強度を下げただけで、熱処理しているビールを『生ビール』と銘打って、あたかも熱処理していないかのごとく宣伝したのです。

『生ビール』を名乗っていても、最低限の熱処理はしています。どのビール会社でも、瓶ビールと缶ビールは、温瓶(缶)機というパストライザーと同じような装置を通しています。結露防止のため、40℃程度に温めてからラベルを貼《は》り、カートン詰めするからです。

そもそも海外では、生ビールと熱処理ビールの区別はありません。区別しているのは日本だけです。

つまり『生ビール』は、マーケティングのために日本のビール会社が作った概念だということです。

キリンには、本来『熱処理ビール』のキリンラガーを、『生ビール』化して販売、失敗した歴史があります。ライバル社の戦略に乗せられた結果、対応を間違えてしまったのです。キリンにとっての『黒歴史』です」

ライバル社による「キリンは缶ビールと生ビールの比率が低い」という攻撃は、ボディーブローのように効いていった。

社内でも「生ビールを出さなければまずい」という雰囲気が醸成されていった。

そこへ追い打ちをかけるように、アサヒは「生ビール売上No.1」広告を95年に展開する。

キリンはこの広告に過剰反応してしまい、「ラガーの生ビール化」という、悪手を放ってしまう。

同質性の強い組織

本山からキリン社長を引き継いでいた真鍋圭作は、総会屋事件の処理のため身を挺《てい》して奮闘した佐藤安弘を、新しい社長に指名した。佐藤は96年3月、社長に就任する。佐藤は主流の営業部門出身ではなく、経理や総務などスタッフ部門出身で、かつ子会社に長く在籍していた。その佐藤の社長就任は抜擢《ばってき》といってよかった。医薬品など経営多角化を進める上で、佐藤が適任だったという事情もあるだろう。ただ、真鍋としては、「人気投票キャンペーン」を無視して暴走する営業部門を信用できなかったのかもしれない。

その上で、総会屋事件に真正面から立ち向かった佐藤の「胆力」を買ったのだろう。佐藤は05年9月に、日本経済新聞の名物連載「私の履歴書」に寄稿している。

連載の23回目によれば、真鍋から次期社長を打診されたのは「１９９５年11月上旬」だったという。真鍋はトップ人事について当時キリン相談役の本山英世に相談していたようだ。

その佐藤は、「ラガー」の生ビール化について、02年４月に筆者が取材した際、次のように答えている。

「結果論ですが、最終的に踏み切らざるを得なかった。熱処理ビールのラガーを生にできないのは、キリンに技術力がないからだ、などとも言われたのです……」

キリンが戦略ミスを犯した「真因」は、社長人事より、もっと深い部分にあったのだろう。

キリンは戦後を代表する優良企業。そのため、新卒採用でも圧倒的に強い立場にあった。

長い間、キリンの新卒採用は出身大学で足切りをしていた。いわゆる「指定校制度」である。

佐藤がキリンに入社したのは58年。当時のキリンは、東大や京大など旧帝大卒、一橋大卒のほか、私立では早慶卒しか採用しなかったという。

この点について、佐藤は次のように語っていた。

「『指定校制度』により、多様な人材を確保する機会が制限されてしまいました。その結果、同質性の強い企業風土が生まれ、会社の活力が殺《そ》がれた点は否《いな》めません」

ちなみに佐藤自身は早大商学部卒。キリン初の私大出身社長だった。

「指定校制度」は、団塊世代入社の69年から73年に、他の国立大学や、関西学院や同志社、上智といった私立大学まで拡大される。さらに、バブル期から92年入社組までの大量採用の期間、キリンはあらゆる大学に門戸を開いた。その結果「指定校制度」は消滅する。

ただ、当時のキリンには、まだその変化が現れてはいなかった。

同質性の強い組織が、必ずしも「悪」ではない。同じカルチャーを共有する組織は、目標に向かって一致団結しやすいという利点もある。

はっきりとした目標があり、それに向けてキャッチアップしていく時代には、組織が一丸となって動くほうが有利だろう。

その一方、同質性の強い組織は、「異才」や「創造的な人材」を排除しがちで、環境の変化に対応するのが苦手だ。意見の対立や衝突を嫌い、反対意見を無視して、最初から結論ありきで物事を進めがちだからだ。

95年当時のキリンは、少なくとも部長以上の幹部はかなり同質性の強い組織だった。

50歳以上の男性で、かつ一流大の出身者しかいなかったからだ。

日系メーカーの中では、かつての日産と並んで、高学歴者ばかりが出世する会社だったのである。

しかもキリンは、「ラガー」による「シェア6割超」という成功体験を持っていた。一定の成功を収めた人は、みずから変わることを嫌うものだ。

バブル崩壊直後の95年頃、「この不況は一過性で、いずれ回復する」という言説がまかり通っていた。当時はまだまだ、バブルという「成功体験」を忘れられない経済学者、知識人が多かったのである。

当時のキリン幹部が、「ラガーの売り上げはいずれ回復する」と考えたのも無理はなかった。

刻一刻と変わる外部環境への対応ほど、彼らが苦手とするものはなかったからだった。

「ラガー」の生ビール化は、こうしたキリンの体質が生んだ、必然的な出来事だった。

この「苦い経験」に学んだのか、その後のキリンはダイバーシティ（多様性）志向を強めることになっていく。２０２４年4月現在では、短大卒の女性執行役員も誕生している。

暗黒時代

「ラガー生ビール化」の当初、96年2月、3月の販売は好調だった。だがアサヒの勢いはそれ以上だった。生ビール化した「ラガー」は徐々に追い込まれていく。

そして、その瞬間がついにやってきた。ビール販売の最盛期である夏場の6月、単月の「瞬間風速」ではあったが、「ラガー」はついに「スーパードライ」に逆転を許してしまう。

1954年(昭和29年)以降、ずっとトップブランドの地位を維持していた「ラガー」が、42年ぶりに首位の座を明け渡した瞬間だった。

「首位陥落」が、キリンに与えた打撃は計り知れなかった。85年まで「シェア6割超」を誇る、絶対的№1企業だっただけに、衝撃は大きかった。しかし、「ラガー生化」を声高に訴えた幹部らが、責任を取ることはなかった。

一方のアサヒは、まさに飛ぶ鳥を落とす勢いだった。人気を落とした「ラガー」を尻目《しりめ》に、「スーパードライ」は名実ともに№1商品へと成長を続けていた。

一時は会社存続の危機にあったアサヒが、「シェア№1」の座を虎視《こし》眈々《たんたん》とうかがうまでになったのである。

また、そのための次の一手を、アサヒはひそかに用意していた。

当時のアサヒ幹部は次のように証言する。

「この作戦は、社内でも極秘扱いでした。ごく一握りの人間以外に知る者もいませんでした」

その作戦とは、ビール業界の慣行を逆手に取ったものだった。

年末の12月には、忘年会やクリスマスなど、さまざまなイベントが集中する。ビールの需要も当然大きい。

しかも、大手4社はそろって12月が決算月だ。各社とも、決算月にはできるだけ数字を積み上げたい。そのため4社は年末に出荷量を増やすのが恒例だった。

その反動で、年明けの1月には、流通在庫が膨らんでしまう。そもそも1月はビール消費量がもっとも少ない月でもある。その対応として、各社は年明けの出荷量を減らす。

アサヒが目をつけたのはこの慣行だった。年明け1月にはキリンも出荷量を減らす。その時アサヒが逆に出荷量を増やせば、1月の「瞬間風速」でキリンを逆転できるかもしれない。

アサヒは、約3カ月も前からひそかに準備を始めていた。

まずアサヒは、96年の年末に向けて、出荷量を受注量とできるだけ近づけ、流通在庫を減らした。その上で、市場に出回る古くなったビールを、できるだけ回収する。

当時、アサヒは戦略として「鮮度による差別化」を推進していた。そのため、店頭で3カ月以上経過したビールは、回収して廃棄していた（現在は行っていない）。

回収したビールは国税庁に申告すると、酒税が払い戻される。ただその分、課税対象の出荷量（課税数量）が減ってしまう。

当時、ビールのシェアは課税数量で計算されていた。そのため、回収量が増えれば増えるほど、シェアはダウンする。

逆にいえば、勝負の1月に、回収量ができるだけ少ないほうが、アサヒにとって有利だ。そのため、年内のうちにできるだけたくさんの古いビールを回収したのだった。

ただその分、96年のシェアも低下してしまう。だが、それは覚悟の上で、アサヒは「一発」に賭けたのである。

迎えた97年の年明け。正月休みが明けるとすぐ、アサヒは集められるトラックを最大限まで動員し、大規模な出荷攻勢をかけた。

アサヒの出荷量は、たちまちうなぎ登りに増加していく。

ただ、万事順調と思われた矢先、「極秘作戦」ゆえの落とし穴が待っていた。

ある工場の関係者が、例年通り1月にも古いビールの回収を行ってしまった。「年内のうちに古いビールを回収せよ」とは通知されていたが、年明けに回収するなという指示が届いていなかったのである。

「12月までと指示しただろう！　2月じゃだめなのか！」

本社の「参謀本部」で、アサヒ幹部が地団駄を踏んで悔しがったという。

しかし、そんなトラブルがあったにもかかわらず、「極秘作戦」はアサヒの目論見《もくろみ》通り成功する。

97年1月の出荷量は、アサヒ１０３０万３００箱に対し、キリン９９０万６０００箱。約40万箱の僅差《きんさ》ではあったが、アサヒがとうとう首位に立ったのである。

当時の新聞はこぞって「アサヒ首位」を大きく報じ、「極秘作戦」はこれ以上ない形で成功する。

ただ、96年の時点で、キリンとアサヒのシェアの差は15・6％もあった。「瞬間風速」でアサヒに抜かれたといっても、キリンが焦《あせ》る必要はまったくなかった。

しかし、キリンは予想以上に大きな「精神的なダメージ」を受けてしまう。

所詮《しょせん》、会社は人間の集まりだ。予想外の出来事が発生すると、多かれ少なかれうろたえてしまうのは当然である。

ましで、キリンはずっと「№1」であり続けた会社だった。一度も負けたことがないキリンにとって、たった1カ月の「瞬間風速」であっても、「アサヒに負けた」ショックは、計り知れないほど大きかった。

「アサヒさんに抜かれたんだって？」

客先でこう言われると、キリンの営業マンたちは心にナイフが突き刺さるように感じた。

一時的なものだと説明しても、負け惜しみに聞こえてしまう。いくら数字を並べようが、「敗北」の事実を消すことはできない。

もともとキリン社内は「楽観論」が支配していた。

「アサヒには莫大《ばくだい》な借金がある。バブル崩壊により、経営は苦しい。そのため、いずれアサヒは失速する」

という見方を、多くのキリン関係者が共有していたのである。

しかし、アサヒは失速せず、逆に攻勢に出ている。これはどういうことなのか。

キリン社内に動揺が広がっていった。

「本当なら負けるはずがない。アサヒは何かズルをしているに違いない」

「自分たちは一生懸命やっている。足を引っ張っているのは、他部門の連中だ」

といった疑心暗鬼に、キリン社員たちは惑わされてしまう。心を一つにできないま

ま、ライバル社との商戦を戦うことになる。

その結果、キリンの97年の業績は、惨憺《さんたん》たる結果に終わる。

97年の年間出荷量は２億２７５７万箱と、前年比なんと10・５％減という大幅下落

となる。シェアでは40・２％と、４・６ポイント下落。

一方、アサヒはシェア32・４％と３・２ポイントも上げた。アサヒがシェアを３割

に乗せたのは、58年以来、実に39年ぶりの出来事だった。

キリンとアサヒのシェア差は、７・８ポイントにまで縮まっていた。

また97年には、「スーパードライ」の年間出荷量が１億７６００万箱（前年比38・７

％増）と、「ラガー」の１億３４００万箱（同11・８％減）を抜き、「瞬間風速」でなく、

年間でも首位に立った。

ブランド別年間首位の交代は、実に53年以来、44年ぶりの出来事だった。これ以来、

国内№１ブランドの座は「スーパードライ」が維持している。

キリンにとって、「一番搾《しぼ》り」の販売が失速したことが、大きな痛手だった。

キリンは生ビール化した「ラガー」に経営資源を集中させていた。そのため、「一番搾り」が割を食ったのである。

「ラガー」の生ビール化は、固定ファンの離脱を招いた。

かつて桑原が予言したように、キリンにとって、まさに「暗黒時代」としか言いようがない状況に陥っていたのである。

その頃、前田仁は「雌伏の時」を過ごしていた。

子会社出向を命じられたのは、誰の目にも明らかな「左遷」とうつった。前田も本心では忸怩《じくじ》たるものがあったのだろう。

だが、それでも前田は、子会社での仕事を楽しんでいたという。

「スコットランドやドイツに出張したりと、前田はすごく楽しそうでした。キリン本社にいた時よりも、生き生きして見えました」

キリン・シーグラム（現キリンディスティラリー）時代の前田について、妻の泰子はそう話す。

キリン本社で権力闘争に巻き込まれるよりも、子会社で好きなことができるほうが、前田にとっては幸せだったのかもしれない。

この時期、前田はスコットランドのスペイサイドにある「グレンリベット」の蒸溜所を訪問している。

「グレンリベット」はシングルモルトウイスキー（単一蒸溜《じょうりゅう》所のモルト原酒だけでつくられたウイスキー）として日本でも人気が高い。当時はキリン・シーグラムが日本での輸入販売を手掛けていた。

訪問の際に、現地関係者と共に撮られた写真が残っている。前田邸に取材に訪れた際、泰子はその貴重な写真を見せてくれた。

そこには「マーケティングの天才」として、厳しいビジネス現場で戦う男の、険しい表情は微塵《みじん》もなかった。

むしろ、心からリラックスして、満ち足りた笑顔を湛《たた》えていたのである。

第6章　天才の帰還

「価格破壊」の衝撃

バブル崩壊は、日本経済に大きな爪痕《つめあと》を残していた。

「不動産の価格は必ず値上がりする」という「土地神話」が、ゆがんだ不動産市場を生み出していた。

小さな土地を買い占め、大きな土地にして転売すると、不動産デベロッパーには大金が転がり込んだ。まさに「濡《ぬ》れ手で粟《あわ》」の商売だった。

東京や大阪といった大都市圏では「地上げ」が社会問題化する。ヤクザを使い、土地を売らない地主に嫌がらせをする行為もあった。

その頃は、土地を担保にすれば、銀行からいくらでも融資を受けることができた。手にした資金で、新たな土地や株を購入すると、それがまた値上がりする。値上がりした土地や株を担保に、さらに銀行からお金を引っ張る、という取引が繰り返されていた。

こうした「錬金術」こそバブル経済の実態でもあった。

しかし、不動産融資の総量規制、および日経平均株価の暴落以降、状況が一変する。株や不動産が値崩れを始めると、財テクのために購入した資産価格も下落し、財テクどころか評価損を抱える企業が続出した。

また、融資の担保となった不動産の価格が下落し、担保割れするケースが相次いだ。回収が難しくなり、不良債権となったケースも続出。その結果、国内金融機関のバランスシートが大きく毀損《きそん》されてしまう。

一方、金融機関の経営環境は年々厳しくなっていた。93年より、銀行が一定の自己資本を持つことを定めるBIS規制が日本に導入される。その上、97年にはアジア通貨危機が発生。世界経済が冷え込み、日本企業の業績は軒並み悪化していく。

こうした中、97年11月に旧北海道拓殖銀行が破綻《はたん》。また同じ月に、日本最古の証券会社だった山一証券が自主廃業を決定。「社員は悪くありません」と当時の野澤正平社長が訴えた「涙の記者会見」が話題となった。

こうして「バブル崩壊」は最終局面を迎える。

景気が悪化する中、終身雇用を前提としていた日本企業も、この頃を境に変質していく。大手企業のリストラが相次ぎ、「自己責任」の世の中が忍び寄る。

「いまは大丈夫でも、明日どうなるかわからない」

そうした不安な心理が、日本社会の隅々まで広がっていった。

ビール業界もまた、大変動の真《ま》っ只中《ただなか》にあった。

ビール販売が免許制となったのは、太平洋戦争開戦前夜の1938年だった。それ以来、ビールは販売免許を持つ酒販店が独占販売していた。しかも定価販売が義務づけられ、値引きはできなかった。

こうしたガチガチの規制によって守られたビール業界では、メーカー、卸、小売りの三者が、限られた利益を分け合う構造が定着していた。

利益の取り分は、メーカー、卸、小売りが「7対1対2」の割合だった。いわゆる「建値制《たてねせい》」と呼ばれる仕組みである。

メーカーの利益が大きいように見えるが、日本の高い酒税を支払うのはメーカーのため、見た目ほどうまみはない。

高度成長期の間は、こうした産業構造が維持されていた。だが、やがて、ビール業界に規制緩和の波が押し寄せる。

「第2臨調（土光臨調）」—「新行革審」が酒類販売の自由化を答申すると、国税庁は89年6月に「酒類販売業免許等取扱要領」を改正。これによって酒類販売は段階的に自由化されることになった（ちなみにすべての地域で酒類販売が自由化されたのは06年）。

また、別の分野でも、大きな変化が起きつつあった。

80年代に対米貿易黒字が増加したことで、「日米貿易摩擦」が深刻化していた。「双子の赤字」に苦しむアメリカは、日本の内需拡大と、市場の開放を日本政府に要求。日米安保条約を軸に国防をアメリカに依存する日本政府は、アメリカの強硬姿勢に屈する。

その結果、玩具《がんぐ》販売のトイザらスといったアメリカの小売り企業が、日本国内で活動しやすくなるように、大規模小売店舗法が改正された。

出店規制が緩和されたことで、アメリカ企業のほか、国内大手流通のスーパーやショッピングモールなどの大型店舗の出店が可能になった。

この影響は予想以上に大きかった。かつて日本各地にあった「地元の商店街」は、その後続々と姿を消してゆくことになる。

酒販免許の自由化に加え、大型店舗の規制緩和によって、ビール業界の構造にも大きな変化が起きていた。ビール販売の中心はスーパーやコンビニといった小売りチェーンへと変わってしまったのである。

その結果、予想もしなかったような問題が発生する。

93年12月、当時スーパー最大手のダイエーは、ベルギーから直輸入したビール「バーゲンブロー」(330㎖缶)を、税別128円で発売した。いわゆる「PB(プライベートブランド)」のはしりである。

日本のビールは、350㎖缶で同220円が普通だったが、その半額近い低価格だった。

バブル崩壊後、規制緩和と市場開放が急速に進み、それまで考えられなかったような低価格商品が次々に投入されていた。当時、「価格破壊」が流行語になったほどだった。

ダイエーのPB商品「バーゲンブロー」は、そうした「価格破壊」の象徴的な存在となる。

しかし、財政難に苦しむ政府は、翌94年5月にビール税を増税。それにともない、ビール大手4社は一斉にビール価格を引き上げる。大瓶(633㎖)は10円値上げして税別330円に、また350㎖缶は同225円となった。

増税時に、大手4社は足並みをそろえて値上げするのが「通例」だった。小売りもこれに従った。ところがダイエーはこの「通例」には従わなかった。94年4月、大手メーカーの値上げを狙《ねら》い撃つかのように、ダイエーは大手4社のビールを逆に値下げしたのである。ビール4社の350㎖缶が税別198円で売られることになり、「ダイエーショック」と呼ばれた。

安売りに挑戦したのは、ダイエーだけではなかった。ダイエー以外の大手スーパーもまた、この動きに追随する。

また、酒販免許が自由化されたことで、酒のディスカウントストアが登場し、一大勢力となりつつあった。

ダイエーを筆頭に大手スーパーが値下げに踏み切ったのは、ディスカウントストアへの対抗策という面もあった。

こうした変化を受けて、キリンの収益構造は「破壊」されていった。

「ダイエーショック」を境に、ビールは「一物一価」ではなくなった。その結果、酒販店での定価販売や建値制といった、既得権益も崩壊する。

ビールの価格決定権は、メーカーではなく、スーパーやコンビニといった大手小売りが握るようになった。

産業構造の変化は、消費者の好みにも影響を与えた。酒屋が配達していた頃、ビールのブランドを気にする消費者は少なかった。だが、スーパーやコンビニで好きなビールを気軽に買える環境が出現すると、その行動は一変する。消費者はほかの商品と比較した上で、気に入ったブランドのビールを選んで買うようになった。

その際、消費者に選ばれたビールが「スーパードライ」であり、キリンの「一番搾《しぼ》り」だったのである。

90年代にはこうした構造変化を背景にしたヒット商品が多かった。93年発売の軽自動車スズキ「ワゴンR」や、94年発売のホンダ「オデッセイ」といった、トランクが広い車が相次いでヒットしたが、これは大店法の改正が影響している。大型商業施設に買い物に行く時に便利な車がヒットしたのである。

ダイエーの「バーゲンブロー」は、その後「大失敗」に終わってしまう。需要予測を誤り、大量の在庫を抱えたこと、醸造酒であるビールを、赤道を2回も越える過酷なルートの船便で運び、味が劣化したことなどが、その理由だった。

だが、先駆的な試みだったのは間違いない。

ちなみに筆者は日本発売前に「バーゲンブロー」を飲んだことがある。

それは92年５月、当時、大田区田園調布にあったダイエー創業者の中内㓛《いさお》会長兼社長の自宅で、ちょうど、中内によるリクルート株の取得を、毎日新聞がスクープした日の夜だった。

当然、中内邸には筆者をはじめ夜回りの記者たちが押しかけていた。中内は冷蔵庫から「バーゲンブロー」を出して、記者たちに振る舞ってくれたのである。

その時に飲んだ「バーゲンブロー」だが、筆者は「うまい」と思った。ほかの記者が「おいしいです」と言うと、中内は嬉《うれ》しそうな顔を見せた。この日出されたビールは、おそらく空輸されたものだったのだろう。

この夜の中内は機嫌がよかった。「バーゲンブロー」を飲んだ記者の反応を観察していたのかもしれない。中内は感情の起伏が激しく、朝令暮改は日常茶飯事だった。何事も恐れず、まずはやってみようというスタイルの経営者だった。

この時、「なぜ、ベルギービールを中内が振る舞ったのか」に思いいたれば、「ダイエーが海外産ＰＢビールを新発売」というスクープを抜いていたかもしれない。

ただ、筆者の関心は完全にリクルート株の取得と、リクルートにダイエーから誰を送り込むのかに向いており、ベルギービールにはなかった。結果、残念ながらスクープを抜くことはできなかった。世の中、そううまくいかないものである。

なお、「バーゲンブロー」を生産したインターブリュー社は、M&Aを繰り返し、現在の世界最大手であるABインベブとなっている。

「発泡酒」登場

「価格破壊」の動きは、ビール業界にもう一つの変化をもたらした。それが「発泡酒」の登場である。

1994年10月、サントリーが最初の発泡酒「ホップス」を発売する。

当時は原材料に占める麦芽の割合（麦芽構成比）が67％以上のものを「ビール」としていた。そのため、麦芽構成比65％の「ホップス」は酒税が安かった。おかげで価格を下げることができ、「ホップス」は人気を博す。

95年にはサッポロも参入し、「発泡酒市場」が徐々に形成されていった。

ただ、税務当局はそうした変化に目を光らせていた。

大蔵省（現在の財務省）は96年10月より、「発泡酒」をターゲットとした増税を実施する。

95年末に同省が示した酒税法改正の原案には、「発泡酒であっても麦芽構成比50%以上のものはビールと同じ税率（1ℓ当たり222円）を適用する」とあった。

これでは「ホップス」にビールと同じ税率が適用されてしまう。焦《あせ》ったサントリーは、大蔵省の原案を詳しくチェックした。すると、麦芽構成比が25%未満なら、酒税が安くなることがわかった。

そこでサントリーは、麦芽構成比が25%未満でもおいしく感じられる発泡酒の開発に取り組む。

ビールの醸造工程では、まず麦芽を粉砕し、お湯をかけてかき混ぜる。すると麦芽のデンプンがお湯に溶け出し、糖に変わる。この糖を酵母が食べ、アルコールと炭酸ガスに変える。これが発酵と呼ばれる工程だ。

主原料の麦芽の構成比を25%未満にすると、酵母が食べる「主食」が減ってしまう。その分、酵母の働きも減る。それを避けるためには、減らした分の「主食」を別の何かで代替しなければならない。

この問題に立ち向かったのが、当時サントリーの技術者をしていた中谷和夫だった。中谷は、「主食」の代わりとして、「糖化スターチ」の採用を考える。「糖化スターチ」とは、コーンを原料とする水飴《みずあめ》状の液糖のことだ。

「時間の制約があったので、ほかの候補を探す余裕もなく、『糖化スターチ』決め打ちのような状況でした」

と、中谷は証言する。

「決め打ち」と表現してはいるが、当時の中谷には技術的な下地があった。中谷には75年から約1年半、麦芽構成比25％未満の場合の醸造方法を研究したことがあった。商品開発ではなく、生産効率を上げるための研究ではあったが、そのおかげで基礎となるデータがそろっていた。

20年も前の基礎研究が、会社の浮沈を左右する重要な局面で光を放ったのである。

この中谷の活躍によって、サントリーは「主原料を糖化スターチ、副原料を麦芽」とした「麦芽構成比25％未満でもおいしい発泡酒」の開発に成功。96年5月28日に「スーパーホップス」と銘打って発売する。

酒税法改正の前どころか、夏のビール商戦の前というスピード開発だった。

ちなみに、03年に開発される「第3のビール」にも、中谷の「糖化スターチ」を使った醸造技術が応用されている。

03年9月に、サッポロは業界に先駆けて第3のビール「ドラフトワン」を商品化。

この「ドラフトワン」を開発したのは、サッポロの技術者だった柏田修作である。まったくの偶然だが、その柏田は京大卒で、中谷の後輩に当たる。海外で開催された醸造学会を通じて、中谷と柏田は以前から面識があったという。

さて、この「糖化スターチ」を使う中谷の技術により、品質のいい発泡酒の商品化に道が開かれる。

その結果、発泡酒市場は大幅に拡大する。

96年の発泡酒市場は前年比42％増。ビール・発泡酒市場に占める発泡酒の構成比は3・8％にまで達していた（95年は同2・7％）。

97年には市場規模が2・4倍に、構成比は5・7％へとそれぞれ急増する。

日本経済全体が不況のどん底にあえいでいる中、ビール業界にとっても苦しい時代が始まっていた。そんな中、発泡酒は貴重な成長分野として、業界の「台風の目」となりつつあったのである。

真鍋に代わり、96年3月にキリン社長に就任した佐藤安弘は、就任後すぐに発泡酒への参入を決断し、社内で宣言した。もちろん、極秘案件だった。

するとたちまち、社内各所から、佐藤のもとに反対意見が届けられた。

「発泡酒はビールではありません。粗悪な安売り商品です」

「キリンは品質を追い求めるべきです」

だが、佐藤は経営者として、それに反論した。

「みなさんが反対なら反対でもいい。ただしキリンは、発泡酒を発売する」

バブルが崩壊し、不況が長期化しつつあった。そんな中、低価格が売りの発泡酒市場は今後も拡大すると、佐藤は読んでいた。

山一証券破綻の約2カ月前、97年9月3日に開いた記者会見で、佐藤は中期経営計画を発表。そこで、京都工場、広島工場、東京工場の3工場の閉鎖（その後、高崎工場も閉鎖）とともに、翌98年早々に発泡酒の新製品を発売すると発表した。

ちなみに筆者はこの時フリーランスになっていたので、会見には出席できなかった（当時の「記者クラブ」は絶対的な力を有していた）。

本社の最年少部長へ

キリンの発泡酒開発は遅々として進まなかった。

1年半の間に、約200もの試作品を作ったものの、どれも中途半端《はんぱ》な出来に終わっていた。特徴がない平凡なものや、逆にとがり過ぎていて売れそうにないものばかりで、新商品としての決め手に欠けていた。

技術的な問題以前に、商品のコンセプトなど、マーケティング面に問題を抱えていた。マーケティング部の商品開発チームは、「ラガーや一番搾りと競合してはならない」という思いをあまりにも強く持ち過ぎていたのである。

加えて、キリン社内での発泡酒への風当たりも強かった。

「発泡酒はビールのまがい物。品質を落として安売りする商品だ。品質本位こそキリンの看板。キリンは発泡酒を発売すべきでない」

といった「正論」が大手を振ってまかり通っていた。

ただ、そうしてキリンが手をこまねいている間に、アサヒは「スーパードライ」一本槍《やり》で、怒濤《どとう》のごとく攻め込み、いまやキリンに肉薄している。

年間で業界首位の座をアサヒに明け渡す可能性は、日増しに高まっていた。キリンとしては「発泡酒参入」に賭《か》けるしかなくなっていたのである。

佐藤が宣言した新商品の投入予定時期は「98年早々」。記者会見の日から、たった4カ月しかなかった。

しかし、記者会見の時点で、新商品の目途は立っていなかった。「98年早々」は、まったくの「賭け」だったのである。

たった4カ月で、開発が難航する発泡酒の新商品を開発する――。

そんな難題に答えを出せるのは、「あの男」しかいなかった。

佐藤は、前田仁を子会社のキリン・シーグラムから呼び戻した。発泡酒の商品開発を急ぐため、「一番搾り」を大ヒットさせた前田に賭けたのである。

その結果、前田はキリンビール本社のマーケティング本部商品開発部長に就任する。97年9月のことだった。

96年に佐藤がビール事業本部を解体し、名前こそ「商品開発部」へ変わっていたが、前田は、かつて自身が活躍した「マーケティング部」に戻ってくることになった。しかもその肩書は部長となっていた。

キリンの人事制度では、部長になるには、職能資格の「理事」に昇格しなければならない。ただ、その時点での前田の職能資格は「副理事」だった。本来ならまだ部長にはなれない。

しかも、キリンの通常の人事異動は春と秋。ラインの部長の場合は春に異動する。本来のルールにのっとれば、前田の異動は98年の3月を待たねばならなかった。

だが、前田が異動を命じられたのは秋。しかもいきなり50人もの大所帯である商品開発部のトップとして戻ってきたのである。

つまり、佐藤は人事のルールを曲げてまで、前田を急いで部長に据えたのである。

前田はしばらくの間、副理事の基本賃金のまま、部長の仕事を担《にな》うことになった。半年後の98年春には理事に昇格している。

部長に就いた時、前田は47歳だった。当時のキリンで40代の部長は前田ただ一人。つまり、前田は本社の「最年少部長」になったのである。

キリン商品開発部のマーケターたちは、戻ってきた前田を熱狂的に歓迎した。

なにしろ、戦後のキリン最大のヒット商品「一番搾り」の開発者である。商品開発部にとって、いやキリン全体を見ても、唯一無二《ゆいいつむに》のヒットメーカーなのだ。

前田が商品開発部長に着任したばかりの、97年10月初め。

入社11年目の上野哲生も、その秋に商品開発部へ異動したばかりだった。

その上野は、前田の席へ向かうと、次のように挨拶《あいさつ》した。

「リサーチから商品開発部に今日から異動になりました、上野と申します」

「はあ、そうか。まあ、よろしく頼むわ……」

返事はそっけなかった。前田はデスクに座ったまま、読んでいた資料から一瞬目を上げたが、すぐもとに戻した。

その様子を見て、上野は不安に思ったという。

「自分はあまり期待されていないのかと思いました」

その時の前田の印象を、上野は次のように語る。

「背が高く、身体《からだ》も細い。まるで鶴《つる》のようでした。髪は短く刈り上げていたので、少し怖そうな感じもありました。最年少部長という肩書もさることながら、雰囲気からして、前田さんは異彩を放っていた。キリンにはあまりいないタイプでした」

印象だけではなかった。実際、前田は厳しく怖い部長だった。

時には、怒鳴りつけられることもあったという。

もっとも、前田はただ怖いだけの上司ではなかった。ひとたび仕事を離れると、「人間」の部分を垣間見《かいまみ》せることもあった。

酒が入ると、前田はよくぼやいていたという。

「こう見えて、俺は苦労してるんや……」

「ウチは子供が3人おる。稼がないと、大変なんや」

リラックスしている時の前田は、関西弁を使うことが多かった。

90年3月にワイン部門へ「左遷《させん》」され、93年3月には子会社へ出向している。部長として戻ってきても、発泡酒開発という困難な仕事が待っていた。しかも当分は副理事の基本賃金で部長として働くことになる。

上野から見ても、前田はいかにも苦労が多そうだった。

一方の上野はピカピカのエリートだった。

千葉県出身の上野は東京大学経済学部を卒業したのち、87年にキリンに入社。岡山工場労務課に3年間勤務し、その後、営業として富山で6年半を過ごす。96年秋に本社へ戻ってくると、消費者調査の実施や分析を担当するリサーチ部門に所属。

前田が商品開発部の部長に就任すると、上野も商品開発部へ異動。「一番搾り」のブランド管理を担当するチームで、マーケターとしての第一歩を踏み出していた。

「発泡酒はまがいもの」

「発泡酒の商品開発は、まさに死屍累々《ししるいるい》でした」

上野は当時をそう振り返る。

複数のチームが開発に取り組んでいたものの、うまく進んでいるものは皆無にひとしかった。

復帰した前田は、さっそく次のように呼びかけた。

「発泡酒でも基本は同じだ。『一番搾り』の発泡酒版を作ろう」

開発チームのメンバーには、「一番搾り」開発メンバーとして唯一残っていた舟渡知彦をはじめ、和田美郎、キリン・シーグラムから前田が連れてきた和田徹らがいた。

この和田徹の処遇がキリン社内で波紋を呼んだ。

キリンに限らず、メーカーにとって、新商品開発は最重要ミッションだ。それを担当するマーケティング部門は花形部署であり、多くの社員が異動を希望する。その部門に、子会社の人間を連れてきただけでなく、会社の命運がかかる大型商品開発のメンバーに抜擢《ばってき》するのは極めて異例だった。

しかし、前田は「できる人間を使うのは当然」と、批判を意に介さなかったという。

例によって、前田はまずコンセプト作りから仕事を始めた。

この時点で、タイムリミットまで4カ月を切っていた。「一番搾り」の時のように、時間をかけて検討する余裕はない。

そこで前田は、キリン・シーグラム時代の「没ネタ」を活用する。

前田が出向していた間、キリン・シーグラムでは「ボストンクラブ豊醇原酒《ほうじゅん》」というウイスキーを発売していた。

ただこの時、商品化しなかったもう一つの新企画があった。

その幻の新商品のコンセプトこそが「淡麗」だったのである。

「ボストンクラブ豊醇原酒」は、「豊かなコクと味わいの酒」というコンセプトで、売れゆきはまずまずだった。一方、前田をはじめとするキリン・シーグラムのマーケティング部隊は、まったく逆のコンセプトも探っていた。

「すっきりした味わいの酒」あるいは「アッサリしているけれど、水っぽくない酒」というのがそのコンセプトだった。

「スーパードライ」以降、ビールの売れ筋は「苦くないビール」に移っていた。「脂《あぶら》っこい料理に合う、さっぱりしたビール」こそ、消費者が求める味だった。「すっきりした味わいの酒」は、おそらくそれを念頭に置いたコンセプトだったのだろう。

そもそも発泡酒は性質上、麦芽の使用量を大幅に落とさざるを得ない。代わりに糖化スターチを使うなど、おいしさを落とさない工夫が施されてはいるが、「エビス」

に代表される「麦芽100%の本格派ドイツビール」の重厚感は、発泡酒では再現が難しい。

だったら、それを逆手《さかて》にとればいい。前田の発想のキモはそこにあった。「スーパードライ」の発売当初、キリン社内では、「あんな水っぽいビールが売れるはずがない」と言われていた。

だが、いまや「スーパードライ」は「ラガー」を圧倒し、キリンはシェア1位の座を明け渡すところまで追い詰められている。

一方、発泡酒ブームを前に、キリン社内では次のように言われていた。

「発泡酒はビールではない。まがいものだ」

キリンの人間は、ビールのプロだ。キリン社内の意見は「ビールのプロ」としては至極もっともな意見で、まさに「正論」である。

ただ、問題は、その意見が「正しいかどうか」という点ではなかった。消費者の感覚と一致しているかどうかが、もっとも重要な問題だったのである。

一般の消費者は「ビールのプロ」ではない。それゆえ、消費者の感覚は、往々にして「ビールのプロ」の意見とはズレる。

こうした「ズレ」を捉《とら》えることこそ、消費者理解の核心であり、ヒットを生むコツだと、前田は考えていた。

そうした前田の狙いが最高度に発揮されていたのが、「淡麗」というネーミングだった。

「発泡酒は本来使うべき麦芽をケチった、安いビールだ」

キリン社内の人間も、発泡酒のことをこう考えていた。一方、前田は、「消費者は『安物』を求めていない」ことを見抜いていた。

「安売り王」ダイエーの「バーゲンブロー」は、大失敗に終わっていた。

消費者は安いビールを買っている。だが、「安物」を買いたいわけではない。あくまで「お得な商品」を買いたいのだ。

「ビールにあまりお金をかけたくないが、できるだけ本格派のビールが飲みたい」

その微妙なニュアンスを、前田の鋭敏な感性は見事に洞察していた。その結果、あえて、カジュアルさを排した漢字二文字の商品名を採用したのである。

「淡麗」のネーミングを最終的に決める際、前田は次のような消費者調査を行っている。

中身は同じだが、「カジュアルな商品名」の発泡酒と、「淡麗」ラベルの発泡酒の2種類を飲み比べてもらい、それぞれ「飲みたいかどうか（飲用意向）」「買いたいかどうか（購買意向）」をたずねたのである。

その結果、「カジュアルな商品名」の発泡酒は、飲用意向、購買意向ともに振るわなかった。

一方、「淡麗」のラベルを貼《は》られた発泡酒は、飲用意向、購買意向、ともに満点だった。

中身は同じにもかかわらず、ネーミングによって消費者の受ける印象が大きく違う。「完璧《かんぺき》」と言っていいほど、狙い通りの調査結果を前に、前田は会心の笑みを浮かべていたという。

「淡麗」の新しい価値

こうしてネーミングが決まったものの、問題は中身だった。


発泡酒市場ではサントリーとサッポロが先行していた。キリンはビールではシェアNo.1をかろうじて維持していたが、発泡酒では後発組に過ぎない。2社を逆転するには、先行商品にはない「新しい価値」が必要になる。

「何かいい方法はないか」

と、前田は技術部門に質問をぶつけた。

「すっきりした味わいの酒」というコンセプトに合う、新しいアイデアが欲しい。麦芽の使用量を減らし、ライトな味に仕上げつつ、消費者が納得するような「本格感」を残したかった。

前田の呼びかけに応《こた》え、キリンの技術部門はあるアイデアを持ってくる。

それが、「副原料に大麦を使う」という提案だった。

ビールと違い、発泡酒は原料に占める麦芽比率が低い。そのため、麦芽100%ビールや「ラガー」のような「コクと味わいの酒」を目指すのは無理があった。

コクや味わいのもととなる「うまみ」成分は、麦芽に含まれるタンパク質やアミノ酸に由来する。麦芽を減らせばその分「うまみ」も減ってしまう。

しかも発泡酒では、麦芽比率が低い分、原材料の糖化を徹底させてアルコールを得る。そのために、たくさん糖を食べる「食いしん坊」の酵母を使うことになる。「食いしん坊」の酵母は、「糖化液」の糖をほとんど食べ尽くしてしまう。

そうした工程を経た「発酵度が高い」発泡酒には、「うまみ」もほとんど残っていない。

逆に「コクと味わいの酒」である麦芽100%ビールは、発酵度を抑えて原材料のうまみを残している。そもそも、糖化時間を短くして原材料のエキス分をできるだけ残している。

これが「糖化スターチ」を主原料とする発泡酒の「弱点」だった。

そこでキリンの技術部門は、「うまみ」を補うために、大麦を加える方法を提案する。

ビールに使う麦芽は、もともと大麦を発芽させて乾燥し、根を切除したもの。そのため、粉砕した大麦を加えることで、麦芽由来の「うまみ」を補うことができる。

ただ、大麦そのものは通常のビール造りでは使わない。そのため調達が難しく、値段も高かった。しかも、工場での取り扱いが難しいという問題もあった。

それでも前田は、「淡麗」に大麦を使うことにした。

国産のビール大麦を調達し、工場には大麦用の粉砕機を新たに導入する。それらのコストは当然、原価となって跳ね返ってくる。

そのデメリットに目をつぶっても、発泡酒の「新しい価値」を作ろうとしていたのだ。

「大麦を使った淡麗は、本格感のある味になりました。それはつまり、従来の発泡酒とは違うカテゴリーを創出したということです」

02年4月に筆者が取材した際、前田はこのように発言していた。

ここに、前田のヒット商品に共通する「特徴」を見出《みいだ》すことができる。

「一番搾り」の開発時、前田のチームは、次の「ロングセラーの5つの条件」を挙げていた。

①企業の思い入れ
②オリジナリティ
③本物感
④経済性（お得感）
⑤親しみやすさ

この5条件のうち、特に③と④の要素を前田は大事にしていた。

麦芽100％で、しかも専用のグリーンボトルを使った「ハートランド」（86年）、一番搾り麦汁だけで作る「一番搾り」（90年）、そして高コストな大麦を使った「淡麗」（98年）と、いずれも前田は「プレミアムな価値」を「スタンダードな価格」で提供することにこだわっている。

最多記録

ただ、佐藤が宣言した期限は「98年早々」。

普通、ビール会社の新商品開発は「どんなに急いでも1年はかかる」（キリンのマーケティング担当者）。いかに前田といえども、本当に間に合わせられるのか。

周囲が危惧《きぐ》する中、「淡麗」の開発は圧倒的なスピードで進んでいく。

前田は「淡麗」の広告に、アートディレクターは宮田識、パッケージデザインは佐藤昭夫と、「一番搾り」と同じスタッフを起用した。

「一番搾り」の広告代理店は電通だったが、「淡麗」では第一企画（現在のＡＤＫグループ）を使う。

もともとキリンの商品開発部では「ラガー」や「一番搾り」と「発泡酒」が競合しないように腐心していた。

一方、前田は「ビールが減っても、それ以上に淡麗が伸びればいい」という方針を打ち出し、「淡麗」が「ラガー」「一番搾り」と競合することをいとわなかった。

それは、かつてのキリンでは考えられない「発想の転換」だった。この前田の判断を、「マーケットの創造的破壊に挑んだ」と評したマーケターもいたという。

前田仁には勝算があった。

景気が拡大していたアメリカにあっても、価格の安いエコノミー商品が販売量の6割を占めていた。ましてや、不況にあえぐ日本で、発泡酒が売れないはずがない。

90年代も終わりを迎え、人々の意識やライフスタイルは大きく変化しつつあった。仕事が終わったあと、上司が部下を連れて縄暖簾《なわのれん》をくぐり、「とりあえずビール」で乾杯する光景もだんだん減っていった。

そんな中、特に若い世代には、「お酒はプライベートで楽しむもの」という考え方が広がりつつあった。自腹で飲むなら、少しでも安いお酒のほうがありがたい。

そうしたニーズに応える商品の大ヒットを、前田は確信していたのだろう。

迎えた98年2月3日。

この日開かれた「淡麗」の発表会の席上では、完成していた「淡麗」のサンプル品も配付された。

アナウンスされた発売日は2月25日。ほかの開発チームが束になっても、まるで進まなかった発泡酒の新商品を、前田はたった4カ月で開発してみせたのである。

しかも、子会社から本社に復帰して最初の仕事だった。普通では考えられないようなスピードである。

なぜこんなことが可能だったのだろうか。

その理由について、上野は次のように語る。

「前田さんが一人でやったからです。チームはありましたが、メンバーは前田さんの手足でしかなかった。淡麗の開発では、上司に確認をとる必要がありませんでした。前田さんは商品開発部の部長であり、一人のマーケターでもありました。だから、前田さんは、自分でプランを考え、自分で決裁することが可能だったのです。

逆に、そうでもしなければ、たった4カ月で新商品を開発するのは不可能だったと思います」

別のキリン元幹部は指摘する。「マーケ部が発泡酒開発に苦戦していることを、前田さんは間違いなく知っていた。そこで、『自分ならこう作る』という考えを、前田さんはある程度もっていた、と思う。また、外部スタッフも、一番搾り開発時と同じ人たちを前田さんは起用した。彼らは7年半の間に大御所になっていたけど、前田さんの元に集まってくれたのも成功要因でした」

猛スピードで商品化された「淡麗」だったが、決して「やっつけ仕事」ではなかった。

いざ発売されるや、消費者から熱狂的な支持を受けたのである。当初の販売目標は、98年12月末までに1600万箱だったが、実際には目標をはるかに上回る3979万箱を売る。発泡酒の「淡麗」と単純比較はできないが、初年度の販売数としては、「スーパードライ」の1350万箱（87年）、「キリンドライ」の3964万箱（88年）、「一番搾り」の3562万箱（90年）を上回る、「最多記録」だった。

発泡酒だけを見ても、サントリーの「スーパーホップス」を抜き、いきなりトップブランドに躍進した。

「淡麗」人気は発泡酒市場全体を牽引《けんいん》する。98年のビール・発泡酒市場に占める発泡酒の構成比は、97年の5・8％から跳ね上がり、13・5％と初めて1割を超えた。

窮地のキリンにとって、「淡麗」のヒットはまさに「恵みの雨」となった。

98年のキリンの出荷量は前年比0・5％増。微増だが、前年度を上回ったのは94年以来、実に4年ぶりのことだった。この年のビール・発泡酒市場におけるキリンのシェアも、40・3％と前年比で0・1ポイント回復する。

しかしながら、98年のビールの出荷量は前年比17・2%減と、大きく下がってしまう。「淡麗」と「ラガー」などのビール商品が競合してしまったことがその理由だ。

一方、発泡酒に未参入だったアサヒのシェアは前年より1・8ポイント増の34・2%。ただし、ビール単体のシェアは、キリン38・4%に対しアサヒは39・5%と、アサヒはついにシェア№1の座を奪ったのである。

第7章　ホームランバッターの嗅覚《きゅうかく》

怖い上司

「この人が、一番搾《しぼ》りを作った〝レジェンド〟か……」

山田精二は、初めて会う前田仁を前に、ガチガチに緊張していた。

どちらかといえば体育会系で、日頃は緊張しない山田だったが、前田が発する「オーラ」のようなものに、いつの間にか圧倒されていたからだ。

広島県出身の山田は、地元の修道高校から早稲田大学政経学部へ進んだ。学生時代はバスケットボールのサークルに所属。サークルとはいうものの、体育会並みに活動していたので、バスケ漬けの4年間を送る。その後89年にキリンに入社。東京支社で八王子方面などの営業を担当していた。

山田が前田に会うことになったのは、東京支社の上司で、「伝説の営業マン」と呼ばれた真柳亮に誘われたからだった。前田がキリン・シーグラムへ出向していた96年のことだ。

場所は銀座、都合4人ほどの酒宴だった。前田はほとんど発言せず、真柳たちの話を静かに聞いていたという。

それから約3年後の、99年3月下旬。山田は東京支社での活躍が認められ、本社マーケティング部（商品開発部から98年に名称変更）へ異動することになった。マーケティング部の部長は、キリン・シーグラムから戻ってきていた前田である。

山田がさっそく前田のもとへ挨拶《あいさつ》に行くと、前田は山田のことを覚えており、一緒に昼食をとることになる。マーケティング部の先輩二人も一緒だった。

一行が向かったのは、中央区新川にあった当時のキリンビール本社に近い、和食店の2階だった。畳敷きの部屋で、柔らかな陽光が差し込んでいる。

前田が山田にかけた言葉は、かなり厳しいものだった。

「東京支社で『できる奴《やつ》』と言われて、いい気になってるんじゃないのか。マーケティングの仕事はまったくの別物だ。悪いが、使いものにならなければ、1年、いや、半年で代わってもらうからな」

「レジェンド」の前田にこう言われると、山田は殊勝に「はい……」と答えるしかなかった。

同席した先輩二人は、刺身定食をおいしそうに平らげていた。だが、山田が頼んだ鰆《さわら》の西京焼きは、まだ半分以上残っている。

前田に圧倒され、山田はどうしても箸《はし》が進まなかった。

――前田さんは、怖い人だな……。

山田はつくづくそう思ったという。

一方の前田は、甘鯛《あまだい》の塩焼きをぺろりと平らげ、次のように続けた。

「残念ながら使いものにならなかった場合は、さっさと外したほうが本人のためだ。何もその人の人格や能力が全部ダメだというわけじゃない。あくまで、新商品の開発や、ブランドのマネジメントには向いていなかったというだけだ。

マーケティングは、向き、不向きが分かれる仕事なんだ。向いていない人間に情けをかけて、マーケティング部に残しても、いいことは何一つない。本人にとっても、会社にとってもマイナスだ。その人間に適性があるかどうか、きちんと判断するのが、上司の責任でもある」

ヒットの予感

山田は99年1月14日に発売されたばかりの「ラガースペシャルライト」のブランドマネージャーとなった。

「ラガースペシャルライト」は、糖質を50%カットした「健康系ビール」だった（アルコール度数は5・0%）。

「ライト系、すなわち健康系のビールは、いつか必ずヒットする」

和食店をあとにする時、前田は山田にこう話していたという。

「ライト系」と「健康系」は、ほぼ同じジャンルといっていい。

健康、特に太りすぎを気にする消費者は、ビールの「糖質」に敏感になっていた。

「糖質」こそ、ビールのカロリーのもとだったからだ。

「ライト系」とは、やや曖昧《あいまい》な概念だが、アルコール度数が4・5%未満のいわゆる「ライトビール」を指している。

「ライトビール」は、醸造の過程で、糖質を残さないように工夫されている。

まず、原麦汁濃度を下げ、その後生成される「糖化液」も、糖質が少ない。そこからさらに、もともと少ない糖質を、酵母が徹底的に食べつくす（発酵度を高くする）。

その結果、残糖が少ないビールが完成する。

カロリーでは従来のビールの3分の2から半分、アルコール度数は2・8%〜4・3%と、通常のビールよりも低い。

代表的な「ライトビール」の「バドライト」のアルコール度数は4・2%。一方、「バドワイザー」のアルコール度数は5・0%である。

あるビール会社の元技術者は次のように説明してくれた。

「コーヒーにたとえるなら、ライトビールはいわばアメリカンです。薄いコーヒーにするため、コーヒー粉の量を減らす。その少ない粉を、さらにフィルターでしっかりろ過して、薄いコーヒーにしているわけです。

ライトビールでは、使う原料を減らし、わざと薄くした糖化液を使います。もともと糖質が少ないため、発酵度を上げても、アルコール度数が高くなりません」

アメリカでは70年代前半から、「ミラー・ライト」などの「ライトビール」が登場。

その後、80年代になると「ライトビール」がアメリカのビールの主流になっていく。

健康意識の高まりを受けて、カロリーの低い「ライトビール」が支持されていったのだ。

余談だが、80年代以降、アメリカでは鶏肉の人気が高まっていく。牛肉と比べ、鶏肉は脂肪分が少なく、カロリーが低い。そのため健康意識の高い人々の支持を集めたのである。

一方、99年の日本では、まだまだ「ライトビール」は普及していなかった。これに先鞭《せんべん》をつけたのはキリンだった。80年に発売した「キリンライトビール」は、キリンにとって戦後初の新製品だった。

「当時の小西秀次社長はキリンライトビールしか飲まなかった」と、あるキリン幹部が語っていたほど、経営陣の思い入れが強い商品だった。「キリンライトビール」は、従来品よりカロリー30％オフ、アルコール度数は３・５％とかなり低かった。

その後も、84年にサントリー「ペンギンズバー」（カロリー30％オフ、アルコール度数３・０％）、93年のサッポロ「カロリーハーフ」（カロリー50％オフ、アルコール度数３・０％）、96年のアサヒ「ファーストレディ」（カロリー20％オフ、アルコール度数４・５％）、99年の「ラガースペシャルライト」など、約20年間に約20種類もの「ライト系（健康系）」ビールが発売されていた。

だが、「ライト系」はアメリカ市場ほど受け入れられなかった。99年の時点で「ライト系」の割合は、ビール・発泡酒市場の1%にも達していなかった。

その最大の理由は、それまでの「ライト系」のほとんどが薄味で、アルコール度数が低く、「飲み応《ごた》え」に欠けるからだった。

高温多湿な日本では、ビールに「爽快感《そうかい》」が求められる。同じ醸造酒のワインに比べ、ビールの消費量が圧倒的に多いのは、これが理由だった。

もう一つの理由は、価格だった。諸外国と比べて、日本はビールの酒税が高い。しかも、アルコール度数の低い「ライトビール」でも、酒税は安くならない。そのため、「ライト系」と一般のビールは同じ小売価格で売られていた。

そうした理由もあって、「健康のことは気になるが、わざわざライトビールを飲むほどではない」という消費者が多かったのだろう。

前田は、「ライト系」はいずれヒットすると考えていた。

94年にいわゆる「地ビール」が解禁、現在のクラフトビール文化の土壌が生まれ、一部では個性的なビールも増えていた。もっとも、そうした動きが顕著になるのは2015年以降だ。

99年当時、沖縄のオリオンビールを含めたビール大手5社は、澄んだ淡色でホップの苦みを利《き》かせた「ピルスナー」タイプを量産していた。

こうした「ピルスナー」タイプは、発酵を終えた酵母が底に沈む「下面発酵」と呼ばれる醸造方法だった。

本来この「下面発酵」で作られるビールのことを「ラガー」と呼ぶ。ラガーとは「貯蔵」を意味するドイツ語である。

一方、最終的に酵母が上に浮かぶ「上面発酵」という方法もある。この「上面発酵」で造られたビールは「エール」と呼ばれ、華やかな香りが特徴だ。

ちなみに、現在ではクラフトビールメーカーを中心に、「上面発酵」のビール・発泡酒もたくさん生産されている。フルーティな香りが特徴の「ペール・エール（PA）」、PAをはるばるインドに運ぶために、保存のためホップを大量に使ったことが発祥の「インディア・ペールエール（IPA）」は、近年日本でも人気が高まり、大手も参入している。

あくまで当時の主流は「下面発酵」の「ピルスナー」タイプ。その中で、これから売れそうな「最後の有望株」は「ライト系」「健康系」だ。

前田仁はそう読んでいたのである。

勝手な商品開発

山田は、マーケティング部での3年目を迎えていた。

前田から「使えなければ代える」と言われていたが、なんとかマーケティング部に残れていた。

しかしながら、目覚ましい活躍を見せられていたわけでもなかった。

当時、マーケティング部には5つの組織があった。新商品を開発するのは、「商品開発研究所（通称・商開研）」と呼ばれるチーム。ほか、「ラガー」を担当する第1チーム、「一番搾り」の第2チーム、「淡麗」の第3チームがあった。

それら「メイン3商品」以外の、「その他の商品」は、第4チームで扱っていた。

その第4チームを率いていたのは、管理職（キリンでは経営職と呼ぶ）になったばかりの上野哲生だ。上野は第1チームから移っていて、山田の2期上に当たる。

「ラガースペシャルライト」を担当する山田は、この第4チームに所属していた。

第4チームは、上野を含めて4人という小さな組織だった。終売する商品の管理や、サッカー日本代表応援商品などの「デザイン缶」の管理といった、地味な仕事が多い。

そのため、上野や山田たちは、出社しても、やることがあまりなかった。

「朝、会社に行っても、たいして仕事はありません。そういう状況が正直、苦痛でした」

と、上野は当時を振り返る。

危機感を覚えた上野は、ある蒸し暑い日の夜、山田を場末の居酒屋に誘った。

「このままだと第4チームはいずれなくなってしまう。マーケティング部に残りたければ、何か仕事を作るしかない」

上野が危機感を打ち明けると、同じように考えていたのか、山田も神妙な顔でうなずいた。

「考えたんだが、ライト系発泡酒の新商品を、第4チームでも作ってみようと思う」

上野がそう言うと、山田は怪訝《けげん》な表情を浮かべた。

「でも、ライト系発泡酒は、いま商開研が作っているはずですが……」

「しかし、まだ完成していないだろう。一方、俺たちには、ラガースペシャルライトのノウハウがある。むしろ俺たちのほうが、いい商品を作れるんじゃないか」

「確かに、そうですね……」

「ライト系というと、低アルコールビールを連想しがちだが、俺がいま考えているのは、もっと健康志向を打ち出した商品だ。糖質をカットしながら、アルコール度数はできるだけ高めにした発泡酒を作る」

「ライト系というよりも、健康的な発泡酒、ということですか」

「その通りだ。淡麗のブランド・エクステンション（派生商品）として発売すれば、きっと売れる。ラガースペシャルライトは終売し、その予算をこの新製品にまわしたらいい。とにかく、俺は企画書を書いて、前田さんに直訴する」

上野の行動は素早かった。さっそく新しい商品のアイデアを企画書にまとめ、前田に提出した。

その企画書には、発泡酒市場の現状や、糖質が低い健康系商品にどれほどニーズがあるかといった内容が、連綿と綴《つづ》られていた。

手渡された企画書を、前田はすぐに読み終えると、上野を見上げて言った。

「いいんじゃないか。やりたいんだろ？　やってみろ」

前田の決断は素早かった。その場にすぐ商開研の責任者を呼び出すと、次のように言った。

「ライト系発泡酒はもうやらなくていい。上野に任せる。商開研から第4チームに人をまわしてくれないか」

普通なら反発されそうな決定だったが、商開研の責任者は前田の信奉者で、指示に逆らうことはなかった。すぐ、ライト系発泡酒の開発チームが結成される。

メンバーはリーダーの上野と、山田。そして社内公募でマーケティング部にやってきたばかりの村上麻弥古《まやこ》が商開研から加わった。

「世の中の流れは、もとには戻らない。健康志向が変わることはない。多少の揺り戻しがあっても、一過性に終わる。

アメリカではバドワイザーよりバドライトが売れている。日本でも、健康系はきっと売れる。次のヒット商品は健康系商品しかありえない」

前田はそう上野らに話したという。

直球か変化球か

上野が掲げた商品コンセプトは「うまい健康志向発泡酒」だった。

アルコール度数の低い「ライト（低アルコール）」ではなく、「しっかりとした飲み応えのある健康系発泡酒」を目指す。アルコール度数は、通常のビールと遜色《そんしょく》ない4・5％を想定していた。

もともとビールのアルコール度数は4・5%が主流だった。だが、「スーパードライ」など「ドライビール」の登場により5・0%~5・5%がメインとなっていた。ただそれでも、01年3月発売の「クラシックラガー」など、4・5%のビールも多かった。

また「飲み応え」を訴求するため、「ライト」という表現を、上野はできるだけ避けた。

「糖質『70%カット』ではなく、『70%オフ』としたのも、そのこだわりからです。引き算した商品ではなく、付加価値をつけた商品として売る。それまでのライト系ビールのイメージを壊したかったのです」

と、上野は当時を振り返る。

商品のネーミングやデザインにもこだわった。上野は、糖質オフをイメージした「グリーン」という単語を商品名に使い、缶のデザインにも緑を取り入れる案を前田に提案する。

前田は当初その案に反対したという。

「お茶とは違う。緑はビールの色としてはダメだ。売れない」

ただ上野も簡単には諦《あきら》めなかった。

「それはごもっともです。ただ、ハイネケンはグリーンを採用しています」

しかし、前田も「ブレない男」だった。

「あれは特例だ」

「でも、前田さんの作ったハートランドも、グリーンのボトルです」

「あれはもっと特例だ」

上野はなかなか前田を説得できなかった。仕方なく、上野のチームは代わりのネーミングをひねり出した。その中に「淡麗ダイエット」という案があり、前田はこれを気に入った。

上野はこう証言する。

「前田さんはわかりやすいネーミングが好きでした。『グリーンラベル』のような変化球的な案は、前田さんの好みではありませんでした」

しかし、上野は「グリーン」にこだわった。「消費者調査をやってみます」などと言って、わざとネーミングの決定を遅らせ、その間に説得材料を探す作戦に出た。

そこに、予想外の出来事が起こる。

01年9月4日、サントリーは糖質オフの発泡酒「ダイエット生」を10月10日に発売する、と発表した。このため、「健康系発泡酒」第1号はサントリーに奪われてしまう。おまけに、前田が気に入っていた「ダイエット」というネーミングも使われてしまった。

前田は上野のチームを呼び出し、雷を落とした。

「サントリーに先を越されたのは、上野、お前がモタモタしてたからだろう。このドアホウが！」

そう言って鋭い眼光でチームの面々をにらみ渡したという。

ひとしきり怒りを爆発させたあと、上野にこう言い渡した。

「とにかく、先を越された以上、より売れるものを作るしかない。売れないものを作ったら、承知しないぞ」

これで上野には逃げ場がなくなった。失敗すれば、第4チームは確実に解散させられる。自分も山田も、マーケティング部から追い出されてしまうだろう。

しかし、不幸中の幸いもあった。「ダイエット」のネーミングが使われてしまったので、新商品の名前は「グリーン」でいくしかなくなったのである。

「糖質は淡麗より70％オフ、ただしアルコール度数を適度にキープ、その上うまい発泡酒」

上野は技術部門にこういった要望を出していた。ただ、この要望を満たすのは至難の業だった。

キリンの技術部門の幹部だった人物は、その難しさを次のように説明する。

「発泡酒の弱点は、麦芽が少ないのでボディ（飲み応え）がないことです。また、酵母の栄養となる糖分が不足しているので、発酵が進まず、味のバランスが崩れやすいのです。

淡麗は、こうした弱点を克服するために、副原料に大麦を使用しました。また、飲み応えを出すために、アルコール度数を通常より少し高めの5・5％に設定しています。

その淡麗から、さらに糖質を70％オフ、かつアルコール度数は高めで、しかもうまさを保たせよというのは、無理な注文でした。

アルコール度数を高くすると、使用する原料が多くなり、糖質も増えます。また、大麦は発酵では分解されない糖質を含んでいるので、糖質オフが難しくなります」

どうやって、糖質オフと、ビール並みのアルコール度数を両立するのか──。

キリンの技術部隊は、上野の難しい要望に悩んだ。

最終的に技術部隊が採用したのは、醸造のバランスを徹底してつきつめることだった。また、飲み応えを確保するための一種の調味料として、原料に酵母エキスを使うことにした。

「ちなみに現在では、醸造技術がさらに高度化したので、酵母エキスは使用していません」

と上野は語る。

安売り合戦

一方、「発泡酒は邪道」という社内ムードが強かったアサヒも、00年12月19日に、発泡酒への参入を発表する。サントリー、サッポロに続き、キリンが「淡麗」を大ヒットさせたあとという「最後発《さいこうはつ》」の参入だった。

だが、アサヒが01年2月21日に発売した発泡酒「本生」は、いきなり売れる。発酵を促進するために海洋深層水を使うなど、醸造に工夫を加えていた。さらに、スーパーなどの売り場を、「本生」の赤色で染める「赤い嵐《あらし》キャンペーン」を展開し、消費者にインパクトを与えることに成功したのである。

「今月ピンチなんです。お願いします、できる限り淡麗を入れてください」

キリンのある20代の女性営業マンが、こう言って頭を下げる。

ただ、営業を受けている酒類問屋のバイヤーは、それを聞いて渋い表情を浮かべた。

「そう言われても無理だよ。倉庫がもう一杯だ」

「そこをなんとか、お願いします」

「おたくさぁ、いつも月末にそう言って押し込んでくるじゃないか。あんたも営業なら、売り方の提案とか、もっとほかの提案をしてくれよ」

「おっしゃる通りなんですが、こうでもしないとアサヒに負けてしまいます。淡麗を入れてもらえたら、できるだけリベートを出しますので……」

当時、キリンの営業現場ではこうした光景が日常となっていた。

大手4社の営業現場は、どこも白兵戦の様相を呈していた。商戦に勝つため、各メーカーは卸に「販売奨励金（リベート）」を積む。

これが原資となり、小売店での「安売り合戦」が激化することになった。

卸に対し「20箱を買ってくれたら、1箱は無料でつけます」という取り引きも横行していた。

特に月末には、メーカーによる卸への押し込み営業が過熱した。

「本生」発売の約1カ月後である01年3月、キリン社長の佐藤安弘は社長を降板し、会長となった。3期目の途中という、予定外のタイミングでの辞任だった。

不況の中、佐藤はリストラを断行、4工場を閉鎖していた。

「リストラをした自分が、いつまでも社長に残るわけにはいかない」

と佐藤は考え、引退を決断したのだった。

新たな社長に就任したのは、医薬事業出身の荒蒔《あらまき》康一郎だった。東大農学部を卒業し、64年にキリンに入社した荒蒔は、ひと癖ある人物だった。

「天皇」と呼ばれた本山の社長時代、「天皇の前でポケットに手を突っ込んだまま話をする唯一《ゆいいつ》の男」と、社内で呼ばれていたという。

社長交代直後の01年4月、前田はマーケティング部の強化をはかる。人事部の協力のもと、新商品開発を担当するマーケターを、社内から広く公募したのである。

それまでマーケティング部に来るのは、営業成績が優れている人材が多かった。だが、営業とマーケティングでは、担当する仕事も、期待される能力も異なる。

「営業と新商品開発では、必要なセンスがまったく違う」

と、前田は人事部を説き伏せたという。

もともとキリンには「社内公募」の仕組みがあった。だが、本社の花形部署であるマーケティング部は多くの社員が志望する部署である。社内公募を実施すると、応募が殺到し、混乱が生じる。そうした配慮から、マーケティング部では社内公募を実施していなかったのである。

ただ、前田は何も社員のキャリアパスのために公募を実施したわけではなかった。あくまで、「いままでにない、斬新《ざんしん》な新商品を開発できる人材」を探すために始めたのである。

まず、書類審査のほか、小論文による1次試験が行われた。その後、5月の連休明けに前田と人事部の幹部が面接官となって面接試験が行われ、結果4人が採用された。「淡麗グリーンラベル」チームに加わった村上麻弥古もその一人だ。

また、そのうちの一人、92年入社で静岡支店にいた土屋義徳は、のちにある大ヒット商品を手掛けることになる。

悲願の勝利

アサヒの発泡酒「本生」は大ヒット。初年度販売数量は3900万箱と、「淡麗」初年度に匹敵する販売量を記録する。

その一方で、「淡麗」が「一番搾り」と競合したように、「本生」によって「スーパードライ」の販売量が落ちてしまう現象も見られた。

この「本生」のヒットが、キリンvsアサヒの戦いに決定的な影響を及ぼす。

2001年、アサヒはついに、ビール・発泡酒の総合市場でキリンを抜き、首位に立ったのである。実に48年ぶりとなる、ビール業界の首位逆転劇だった。シェアはアサヒ38・7％（前年は35・5％）に対し、キリンは35・8％（同38・4％）だった。

「アサヒ、ビール業界首位に」

そのニュースが流れた直後、墨田区にあるアサヒビール本社の社員食堂では、会長から相談役になったばかりの瀬戸雄三が泣いていた。

目を潤ませているのは瀬戸だけではなかった。役員、幹部、若手や女子社員にいたるまで、その場にいた全員が感涙にむせび、誰彼となく抱き合っていた。

瀬戸は誰かから渡されたマイクを手に、涙を堪《こら》えながら語った。

「今日、アサヒはついにキリンに勝った。いま在籍している社員は、新人だろうと、苦しい時代を経験したベテランであろうと、みな誇っていい。怠ける者、目標を見失う者は、アサヒには一人もいなかった。キリンに勝ったのは、全員の力を結集した結果だ。アサヒは一人のヒーローが活躍する会社ではない。全員の力をもって、これからも戦っていこう」

経営危機に陥り、一時は存亡さえ危ぶまれたアサヒは、まさに地獄の底から這《は》い上がった。

泥水をすするような地道な営業活動、「スーパードライ」というヒット商品の開発によって、ついに、戦後日本の最強企業の一つであるキリンに勝ったのである。我が国の戦後の産業史に残る大逆転劇だった。

勝利のために必死に努力した人間だけが味わえる感動に、アサヒ社内は包まれていた。

「スーパードライ」発売から、実に15年もの月日が経過していた。

この逆転劇を、キリンのある首脳はこう評した。

「単純明快なアサヒが、複雑怪奇なキリンに勝った」

一方、アサヒの瀬戸は02年4月2日の筆者の取材に対し、次のように話した。

「商品力がまだ強かったラガーを、キリンが96年に熱処理ビールから生ビールに変えたことが大きかった。いわば、キリンの『敵失』に助けられたのです」

また、子会社のニッカウヰスキー出身で、現在はアサヒグループホールディングス社長の勝木敦志はこう語る。

「ビール商戦が過熱した90年代後半、アサヒは中途採用を積極的に行いました。設備はお金で買えても、人材はそういきません。特に営業マンがいなければどうにもならない。

バブル崩壊の影響もあって、特に97年以降、証券会社や銀行、保険会社が相次ぎ破《は》綻《たん》していきます。その結果、優秀な人材を採用しやすい環境になっていました。

そうした中途採用社員によって、アサヒには自然とダイバーシティ（多様性）の文化が醸成されていったのです」

「淡麗グリーンラベル」ヒットの理由

とはいえ、勝利とは所詮《しょせん》、一瞬の出来事に過ぎない。

アサヒが一致団結できたのは、業界首位のキリンという「目標」があってこそだった。また、キリンの敵失に助けられた面もあった。

一方、これまでなかなか一致団結できなかったキリンも、「手痛い敗北」の経験によって「首位奪回」に向けて団結しやすくなる。

アサヒが業界首位に立ったということは、追われる側にまわるということでもあった。

実際、キリン新社長の荒蒔はすぐ「次の一手」に動いていた。

01年商戦の趨勢《すうせい》が見えた11月、荒蒔は「新キリン宣言」を社内向けに発表する。

その中で、荒蒔は次のように呼びかけていた。

「これからは、お客様を見よう」

「自分たちの原点に立ち戻ろう」

シェア№１に驕《おご》っていたかつてのキリンの姿は、そこにはなかった。

かわりに、「どうしたらお客様に認められるか」を必死に追究する企業の姿があった。

荒蒔による「新キリン宣言」以降、キリンは徐々に、本来あるべき姿を取り戻していく。

その最大の原動力となったのが、前田仁の指揮のもと生みだされた、キリンが誇る数々の大ヒット商品だった。

上野チームが開発した糖質70％オフの発泡酒が、「淡麗グリーンラベル」として発売されたのは、２００２年４月10日。

初年度販売量は1310万箱。健康系ビール飲料として、初めて1000万箱を超えるヒット作となった。

「絶対に売れる商品に」という前田の期待に、上野たちは見事に応えることができたのである。

「淡麗グリーンラベル」がヒットした理由は、いくつか考えられる。

「健康系」ながら、飲み応えのある味わいを工夫したこと、「淡麗」ブランドへの安心感を利用したこと（ブランド・エクステンションの成功）など、どれも「上野の狙《ねら》い通り」と言ってよかった。

ただ、何よりも、「健康系」という新しいジャンルをキリンが開拓したことの意味は大きかった。

その後、「本生」は終売したが、「淡麗グリーンラベル」は現在も販売を継続している。23年の販売実績は、1150万箱（前年比7・6％減）。前田の指揮のもと、上野たちは見事にロングセラー商品を作り上げたのである。

山田精二は、上司としての前田について次のように証言する。

「僕にとって前田さんは、越えられない壁であり、大切な上司でした。

熱い心を持っていて、僕のいいところを認めてくれました。一方ではリアリストでありながら、予言者でもあり、かつ大変な『人たらし』でもあった。前田さんの周りにはいつも人が集まっていました。

天才的なリーダーに見られるように、前田さんもまた、しょっちゅう『朝令暮改』をしていました。

前田さんには、自分を少しでもよく見せようという部分が、まったくありません。だから『朝令暮改』は、保身や政治のためではありませんでした。純粋に、仕事に必要だからやっていたのです。

前田さんは、ブレない人であると同時に、変化に対応する柔軟性も兼ね備えていました。

前田さんはよく『もっとダサくしろ。カッコよすぎるものに、人は親しみを覚えない』と言っていました。僕がカッコいいデザインを提出した時には『お前はクリエイターになってしまったな。人に認められたいという欲が出てしまっているぞ』とも言われました」

上野は前田についてこう語る。

「前田さんは、野球で言えばホームランバッター。手堅いヒットを狙わず、ホームランだけを狙っていた。

前田さんよりも、広告の作り方やネーミングが上手《うま》い人はいました。ただ、それまでまったく売れなかった健康系に、ヒットのにおいを嗅《か》ぎ取るような『嗅覚』を持っていたのは、前田さんだけでした。その上、前田さんは人間的にも素晴らしい人でした」

第8章　「異質」が生んだ「氷結」

子会社の男

「ウチは貧乏な会社なんだ。キリン本体とは違う。何でも自分でやるしかない」

キリンの子会社で、主にウイスキーを扱うキリン・シーグラムに入社した鬼頭英明は、入社早々、上司からこう告げられた。

「そういう社風だったので、『自分はブレンダーだから特別だ』という意識は、持ちようがなかったですね」

鬼頭はそう自嘲《じちょう》ぎみに語る。

名古屋市生まれの鬼頭は、小学生の頃から理科が得意だった。特に生物が大好きで、大人を捕まえては、質問攻めにしていたという。

「どうして植物は大きくなるのか、なぜ生物は成長するのか、そういうことが不思議で仕方がなかったんです」

鬼頭の実家は、名古屋市内でプラスチック金型《かながた》と成形の工場を営んでいた。職人気質の父親が、手作業で型を起こし、さまざまな形状のプラスチックを作るのを見て鬼頭は育った。

そのせいか、鬼頭は子供の頃から「将来はものを作る仕事をしたい」と考えていたという。

「生物大好き少年」は、やがて岐阜大学農学部農芸化学科に進学する。さらに岐阜大学大学院で応用微生物学を専攻。卒業後にキリン・シーグラムへ入社したのはバブル期の89年だった。

鬼頭はそこで「ブレンダー」として力を発揮することになる。

ブレンダーとは、さまざまな原酒を組み合わせて、新しいお酒を造る専門職のことである。ただ、ブレンダーの仕事は商品開発以外にも、多岐にわたっている。

同じ日に蒸溜《じょうりゅう》され、同じタイプの樽《たる》に詰められた原酒でも、熟成後の味は樽ごとに変わってくる。樽を貯蔵庫のどこに保管したかによって、熟成の進み具合が変わり、味などの「キャラクター」に変化が生まれる（ちなみに、高い位置に置いた樽のほうが、一般的に熟成が早いとされている）。

そうした樽ごとに異なる原酒を、テイスティングして評価し、どこにどんな原酒が保存されているかを把握するのも、ブレンダーの仕事だ。原酒をタイプ別に振り分けたり、樽の保管場所を移動して味を調整したりと、さまざまな仕事をこなさなければならない。

「特に嗅覚《きゅうかく》に優れている必要はありません。むしろ、鼻の感覚は人並みでも務まります。ただ、味や香りを判断するためには、経験が必要です。あとはイマジネーションが重要です。原酒をブレンドしたら、どんなウイスキーになるかをイメージすることが大事なので」

鬼頭はそう話すが、一人前のブレンダーになるには、軽く10年はかかる。

入社した89年当時、ウイスキー市場は83年をピークに縮小し続けていた。サントリーが「ハイボール」人気に火をつけ、ウイスキー市場が回復するのは08年以降のことである。

90年代の終わり頃、日本の酒類市場では、「スーパードライ」や「一番搾《しぼ》り」、さらに発泡酒の「淡麗」のヒットによって、ビール系飲料が7割を占めていた。

こうした中、キリン・シーグラムのブレンダーたちは、ウイスキーだけでなく、キリングループが扱うあらゆる酒類の評価を担当していた。

ウオッカやジン、ブランデーといった蒸溜酒や、リキュール、さらに醸造酒のワインまで、鬼頭は一手に担当していた。鬼頭がかかわらないお酒は、本体のキリンが扱うビールだけだった。

ブレンダーは、日本酒で言うところの「杜氏《とうじ》」。ウイスキーに関する深い知識を誇り、ウイスキー造りをリードする重要な役割である。

そうした重要な役割のため、通常ブレンダーの地位は高い。「人手不足だからあらゆるお酒を扱う」というのは、ウイスキーを得意とするサントリーやニッカでは、およそ考えられない処遇だった。

キリン・シーグラムでブレンダーとしての腕を磨いた鬼頭は、ワインを勉強するために、カリフォルニアの大学に留学する。

その後、94年からキリン・シーグラムのマーケティング部に籍を置き、そこで和田徹、そして前田仁と出会うのである。

前例がないことをやれ

和田徹は新潟県小千谷《おぢや》市生まれ。地元の長岡高校から慶應義塾大学経済学部へ進んだものの、大学生活の大半はニッポン放送の深夜ラジオ番組「オールナイトニッポン」のアルバイトに明け暮れていた。

有楽町のニッポン放送には週5日出社し、番組のネタを作ったり、リスナーのハガキを整理する仕事に没頭していたという。

この時代の「オールナイトニッポン」には、パーソナリティとして、中島みゆき、タモリ、ビートたけし（北野武）、笑福亭鶴光《しょうふくていつるこう》、谷山浩子、桑田佳祐《けいすけ》ら多彩な面々がそろっていた。

和田徹がのちに発揮する「センス」は、この「オールナイトニッポン」のバイトで鍛えられたのだろう。

和田は慶大を85年に卒業すると、キリン・シーグラムに入社する。ただ、当時の和田には長く勤めるつもりはなかったようだ。

社会構造を変えるような画期的な新商品を作りたい、という思いもあったが、いずれはフリーランスの「企画屋」になりたいと思っていたらしい。

キリン・シーグラムに入社した和田は、最初の4年間は営業に従事する。その営業の仕事においても、和田の「センス」は際立っていた。

和田は自分で酒販店向けのＰＯＰ（店頭広告）を作っていたが、その個性的なデザインやコピーは、酒販店の間で評判になった。POPのできがいい時は、ウイスキーの仕入れを増やしてくれる酒販店もあったという。

そうした仕事が評価されたのだろう、和田は89年にキリン・シーグラムのマーケティング部へと異動する。

キリンの戦後最大のヒット商品「一番搾り」を開発した前田仁が、キリン・シーグラムのマーケティング部に、部長として異動してきたのは93年3月。

この異動が、鬼頭と和田の運命を大きく変える。

「前田さんは、穏やかで朗《ほが》らかな表情なのに、眼が鋭い人でした。それに物腰が柔らかく、関西弁を使ったりと話し方もくだけた印象なのに、内容は率直で、本質を突いてくる」

鬼頭は初めて前田に会った時の印象をそう語る。

その前田は、鬼頭についてこう評したという。

「君は『努力の人』だな」

当時を振り返り、鬼頭は次のように語る。

「前田さんは私という人間の本質を見抜いていたのだと思います。

『努力の人』というのは、私が努力家だということではありません。『直感的に判断するより、知識や理論を学ぶところから始めるタイプ』という意味だと思います。要するに、おまえは理系の思考回路の持ち主だと、前田さんは言いたかったのでしょう。

前田さんの人を見る力には、並み外れたものがありました。

そして、メンバーの感性をとても大事にしていました。

仕事の進め方の特徴として、ブレインストーミング（ブレスト）を頻繁に行う点が挙げられます。

ブレストの際、前田さんはいつも結論を求めないので、メンバーはみな自由に発言し、発想を広げることができました。そのため、前田さんのチームはいつもモチベーションが高く、みな仕事を楽しんでいました。

そうした楽しい雰囲気があったからこそ、優れた発想が生まれたのだと思います。

ブレストでは、オフィスを出て、いろんな場所へ移動して行うことがよくありました。閑静な南麻布の貸会議室とか、森の中の研修センターなどへ行った記憶があります。

前田さんは『場所を変えると新しい発想が生まれやすくなる』と言っていました。

感性より理論が先行するタイプの私が、いろいろなアイデアを出せたのは、そうしたマネジメントがあったおかげだと思います。前田さんほど感性を大事にするマーケターには、滅多にお目にかかれませんね」

その頃、前田はことあるごとに、こう口にしていたという。

「前例がないことをやるから意味がある」

この言葉に、和田は衝撃を受けた。

前田と出会った頃の和田は、キリン・シーグラムのサラリーマンになって9年目を迎えていた。個性的な大学生だった和田も、社会でもまれているうちに、いつしか丸くなってしまっていた。

前例通りにこなすことは、リスク回避のために必要なことで、仕事を進める上での基本原則だと、いつしか信じ込んでいた。

和田は前田の言葉に触発されたのか、「Ｈ·ｉｐｓ」などの個性的な商品を開発する。残念ながら「Ｈ·ｉＰｓ」はあまり売れなかったが、前田は和田の才能を見抜いていた。

その後、前述の通り、97年に前田は最年少部長としてキリン本体に戻り、発泡酒「淡麗」の開発を指揮する。この時、前田は和田をキリン・シーグラムからキリン本体へと出向させ、開発プロジェクトに参加させたのである。

オヤジの酒

サントリーが新商品「スーパーチューハイ」を発売したのは99年3月だった。350㎖缶で140円と、従来の缶チューハイより70円も安い値段が受け、ヒットする。サントリーはもともと缶チューハイが得意な会社ではなかったが、この「スーパーチューハイ」のヒットで、いきなり缶チューハイ市場トップに躍り出ていた。サントリーはウイスキー市場で8割超のシェアを持つ「ガリバー」。キリン・シーグラムの鬼頭と和田にとって、超えたくても超えられない強大な敵だった。それだけに、鬼頭と和田には、サントリーを凌駕《りょうが》する新しい缶チューハイを作りたいという思いが強かった。

ちなみにキリン・シーグラムは、キリンとカナダ・シーグラム社の子会社2社との合弁会社として72年に設立されている。

ウイスキー市場では、サントリー、アサヒ系のニッカウヰスキーに次ぐ3位メーカー。ただし、そのシェアは当時1割にも満たなかった。

チューハイとは、甲類焼酎《しょうちゅう》にレモンなどの果汁を入れ、炭酸水で割ったカクテルを指す。サワーと呼ばれることも多い。

80年頃、ハイボール（ウイスキーの炭酸水割り）をヒントに考案されたのがチューハイの始まりだ。ただ、ウイスキーは酒税が高いので、ハイボールはどうしても値段が高くなる。

そのため、代用として安価な甲類焼酎を使った、と説明されることもあるが、ハイボールが広がる前から、東京の下町では細々《ほそぼそ》と飲まれていたという説もある。次第に、新宿区や江戸川区、墨田区あたりの酒場で飲まれるようになり、その後82年には大学生を中心に人気がブレイク。

もっとも、チューハイの「一気飲み」が流行したことで、急性アルコール中毒によって救急搬送される学生が続出し、社会問題となってしまう。

もともと下町の中高年が愛飲していた焼酎に、果汁を入れて炭酸水で薄め、低アルコールの飲料としたことで、急速に若者の支持を獲得した点が興味深い。

83年7月に東洋醸造が瓶入りチューハイ「ハイリッキー」を発売すると、翌84年に宝酒造が「タカラｃａｎチューハイ」、東洋醸造が「ハイリキ」を相次いで投入。これが缶チューハイの先駆けとなり、家庭でも飲まれるようになる。

この時、両社は焼酎のヘビーユーザーである中高年サラリーマンをターゲットにしていた。チューハイブームの火付け役は若者だったが、缶チューハイは当初「オヤジ」の酒だったのである。

両社の缶チューハイについて、鬼頭はこう評している。

「いわば第1世代の味です。中高年向けなので、飲み応《ごた》え、アルコール感が強いのが特徴です」

缶チューハイは人気を博し、84、85年には、ビール市場をも脅《おびや》かす存在となっていく。

チューハイ市場では、宝酒造と東洋醸造（92年からは旭化成と合併、さらに02年に旭化成の焼酎・低アルコール飲料事業をアサヒビールが譲受）の2強時代が長く続いていた。

この構図を崩したのが、99年にサントリーが発売した「スーパーチューハイ」だった。

これが大ヒットしたことで、99年の缶チューハイ市場は、前年比75％増の３５００万箱と急拡大する（缶チューハイの場合、1箱は２５０㎖缶が24本＝６ℓ）。

その後、各社は一斉に低価格品を投入し、１４０円前後の缶チューハイが主流になっていく。

打倒サントリー

キリン・シーグラムで「氷結」の開発が始まったのは99年10月だった。

ただし、正式なプロジェクトではなく、技術職の鬼頭とマーケターの和田徹とが私的に始めたプロジェクトだった。

この直前まで、和田は前田のいるキリンビールのマーケティング部に2年間出向していた。出向中は発泡酒「淡麗」の開発プロジェクトにも参加している。

当時、和田は渋谷区のキリン・シーグラム本社に戻っていたが、鬼頭は静岡県の富士御殿場蒸溜所（御殿場市）内の研究施設にいた。

和田は61年生まれ、鬼頭は64年生まれと、ともに30代の働きざかりだ。

「スーパーチューハイは、桁《けた》違いの大型商品ですが、弱点があります」

当時、御殿場にいた鬼頭は、東京の和田に電話を入れ、こう語った。

「味は第1世代の缶チューハイとあまり変わっていません。追随した商品も同様です。焼酎を飲む中高年向けで、飲み応えがあり、アルコール感も強い。ただ、もっと飲みやすいお酒のほうが、特に20代からは好まれるのではないでしょうか。ここに大きなチャンスがあると僕は思います」

「氷結」は鬼頭と和田が私的に始めたプロジェクトであり、この時点で商品化の目途は立っていない。

だが、この時すでに、鬼頭には「ヒットのターゲット」がおぼろげながらも見えていた。

「スーパーチューハイの後追い商品を出しても、サントリーには勝てない。大きなヒットを狙《ねら》うなら、カテゴリー間の垣根を壊すような商品じゃないとダメです。ビールや発泡酒のユーザーを取り込めるような商品にして、初めて缶チューハイを飲む人や女性をターゲットにしましょう」

鬼頭がそう言うと、和田も同意した。

「男女雇用機会均等法（86年施行）で入社した女子総合職1期は、すでに30代半ばを迎えています。彼女たちに支持されるようなお酒を作りましょう」

キリン本体には「サントリーなど恐るるに足りず」という雰囲気もあった。この頃のサントリーはビール市場では4位メーカー。ビールを主戦場とするキリンが、サントリーをライバル視していなかったとしても、それはある意味当然のことではあった。

だが、キリン・シーグラムの場合はそうではなかった。

ウイスキー市場ではずっと3位メーカーのキリン・シーグラムにとって、サントリーはまさに「倒すことが困難な強大な敵」そのもの。

そのキリン・シーグラムで育った鬼頭と和田は、サントリーの強さを嫌というほど知っていた。

缶チューハイの革命児

「打倒サントリー」のため、二人は作戦を練った。

「焼酎を飲みなれた中高年向け」ではなく、「若者受け」を狙うことを彼らは考える。「チューハイ市場だけでなく、ビールや発泡酒ユーザー、できれば女性を取り込む」ために、鬼頭たちが考えたのは、「微妙な甘さ」のお酒だった。

普段缶チューハイを飲まない20～30代の女性受けを考えると、アルコール感はできるだけ抑えたい。

同時に、辛口のドライタイプのお酒にはしたくなかった。80年代にチューハイがヒットしたのは、果汁を加えて甘くしたという理由が大きい。

かといって、甘すぎると、今度は「メインユーザーである中高年」にそっぽを向かれてしまう。

その結果、鬼頭たちがたどり着いた答えが、「微妙な甘さ」だったのである。

「味のポジショニングが重要だと考えていました」

と、鬼頭は証言する。

「イメージは、都内のマンションに1人暮らしするOLが、帰宅してすぐに飲める缶チューハイです」

先にも触れた通り、「ブレンダー」は本来、日本酒における「杜氏」のように、何人も寄せ付けない「孤高の専門職」である。

ただ鬼頭は3位メーカーのキリン・シーグラムにおいて、幅広いジャンルの仕事を経験していた。

そのせいもあって、鬼頭には「先入観」のようなものが希薄だった。缶チューハイについても、ゼロベースで自由な発想を展開できた。

その一つの成果が、ウオッカの使用だった。

他社の缶チューハイと違い、「氷結」はベース酒に焼酎ではなくウオッカを使った。

キリングループには、焼酎の製造免許を持つ工場がなく、自社で焼酎を生産していなかった。缶チューハイを発売するために、キリンにとって「未知の分野」の焼酎製造にゼロから取り組むのは時間もかかるし、リスクも大きい。

焼酎を外部から調達するのも、さまざまな制約があり、難しかった。

ウオッカなら、キリン・シーグラムの御殿場蒸溜所で以前から生産していた。

「ないもの」を求めるより、「あるもの」を有効活用したほうが合理的だった。

そこで鬼頭は「氷結」のベース酒にウオッカの採用を決めた。

鬼頭には、「チューハイのベースは焼酎」という固定観念が、最初からなかったのである。

実は、ウオッカをベースにしたチューハイには前例があった。

95年より、キリン・シーグラムはウオッカをベースにした飲食店向けの業務用レモンチューハイを、親会社のキリンビールに小規模ながら供給していた（現在も継続している）。

さらに、一般消費者向けの商品でも前例があった。

業務用レモンチューハイと同じ頃から、キリン・シーグラムは、当時キリングループだった近畿コカ・コーラに、ウオッカベースのフルーツ系缶チューハイをＯＥＭ（相手先ブランド生産）供給していたのである。

販売力が足りなかったこともあり、00年に終売になってしまったが、消費者からの評判は悪くなかった。

「ウオッカは無味無臭のスピリッツ（蒸溜酒）です。クセがなく飲みやすいので、カクテルのベース酒に向いています」

と、鬼頭は説明する。

彼の言う通り、ウオッカベースのカクテルは多い。モスコミュール、バラライカ、スクリュードライバー、ソルティドッグ、ブラッディメアリーなど、数多くのウオッカベースのカクテルが、世界中のバーで提供されている。

人を切るより、人を活《い》かす

「一度、サンプルを持ってきてくれないか。できれば大至急」

鬼頭と和田のもとに、キリン本社の前田仁から連絡があったのは、00年春のことだった。

もともと「氷結」プロジェクトは、鬼頭と和田の2人が私的に始めたものだ。発売時期もまだ決まっていない。

しかし、前田はどこで嗅《か》ぎつけたのか、鬼頭と和田の行動を察知していた。

その上で、あまり干渉せず、自由にやらせていた。


実はこの時、鬼頭と和田のプロジェクトに「追い風」が吹き始めていた。

その背景には、キリンの変革があった。

99年９月、キリンは「ＫＧ21」という長期経営ビジョンを発表する。05年を目標年度としたその計画には、「ビールに偏《かたよ》らずに多様に酒類を展開していく」という内容が盛り込まれていた。

すなわち「総合酒類事業」への移行を打ち出していたのである。

缶チューハイ参入など、「総合酒類化」をより具体的に打ち出したのは、翌00年９月に発表された「ＫＧ21アクションプラン（01年〜03年）」だった。

計画を主導した佐藤安弘元会長・社長は、かつて筆者にこう語ったことがある。

「キリンの社員は、こういうもの（中期経営計画のような計画書や企画書）を作るのは上手だ。みんな一流大学を出ていて、頭がいいからね。問題は、その計画通りに実行し、目標を達成できるかどうかなんだが……」

ビール・発泡酒市場は94年をピークに拡大が止まっていた。その中で、多様化するニーズに応える必要に、キリンをはじめビール各社は迫られていた。少子高齢化で人口が減り、市場がさらに縮小することはわかりきっていた。

「総合酒類化」の方針には、キリンの社内事情も絡《から》んでいた。

業績が低迷していたキリン・シーグラムを、キリンビールと「営業統合」する動きが、水面下で進んでいたのである。

日本にスコッチを売り込みたいイギリス政府の「外圧」によって、ウイスキーの酒税が97年に下げられたが、ウイスキーの売り上げは思うようには伸びなかった。健康志向の高まりもあり、アルコール度数の高いウイスキーが大きく売り上げを拡大する状況ではなかった。

キリン・シーグラムの経営も思わしくなかった。

当時のキリン首脳は、こんな裏事情を打ち明ける。

「営業統合を進めた理由として、経営が悪化したキリン・シーグラムの救済がありました。ただ、これを前向きに捉《とら》え、子会社の人材を活用するきっかけにしたい、という意図もあったのです。特にキリンの人事部門はそうした意図を強く持っていました。

そのため、『子会社の吸収』ではなく、対等な関係をもとにした『統合』としたのです」

「この件では、人事部を中心に、キリン社内でかなり議論を重ねています。中には、キリン・シーグラムを切り捨てるべきだという強硬意見もありました。ただ、キリン・シーグラムには優秀な人材がいた。彼らのモチベーションを落とさないよう、キリンは最大限の配慮をしました。人を切ることではなく、人を活かすことを優先したことが、のちの氷結という成果につながったと思います」

そうした配慮の結果、00年1月より段階的な営業統合が始まる。01年1月にはキリン・シーグラムの営業部門はキリンと完全に統合され、翌02年にはマーケティング部門の統合も完了する。同7月には社名がキリンディスティラリーへと変わり、翌03年7月にはキリンの完全子会社となる。

やり遂げるリーダー

さらにもう一つ、「大きな波」が押し寄せていた。

00年末、合弁相手であるカナダのシーグラム社が、酒類事業を、フランスのペルノ・リカールと、イギリスのディアジオに売却してしまったのだ。

シーグラムのエドガー・ブロンフマン・ジュニア社長は、酒造りよりも映画や音楽といったエンターテインメント事業に傾倒していた。

95年にはすでに、パナソニック（当時は松下電器産業）から映画会社ＭＣＡ（96年にユニバーサルへ社名変更）を買収したのに続き、オランダのフィリップスからレコード会社を買収していた。

キリンはシーグラムの酒類事業撤退をある程度予見していたようだ。

しかしながら、実際に現実のものとなると、衝撃は大きかった。国内で販売していた多くの洋酒ブランドを失う危機に直面したからだ。

特にキリンは、米ケンタッキー州にあるバーボンの「フォアローゼズ」を大事にしていた。日本国内でそれなりに売れていたからだった。

そこで「フォアローゼズ」の販売継続に向けて動いた。

この時キーパーソンになったのが、前田の「一番搾り」開発チームに、当初の間だけ在籍した代野照幸だった。

マーケティング部ののち、代野はバドワイザージャパンに出向。97年にはマサチューセッツ工科大学（ＭＩＴ）に留学し、ＭＢＡ（経営学修士号）を取得する。

98年6月に帰国し、経営企画室に異動して、重要案件である「総合酒類化」の計画立案に取り組んでいた。

代野はペルノ・リカールとの交渉チームに参加。タフな交渉ののち、02年2月にキリンはフォアローゼズを取得することに成功する。

代野はフォアローゼズ事業推進室長として、実質的な事業責任者となる。その後、フォアローゼズディスティラリー社長、メルシャン社長を務めた。

一方、「総合酒類化」に向けては、国内の新商品も重要だった。

そこで前田が目をつけたのが、かつての部下である鬼頭と和田が進めていた「氷結」プロジェクトだった。

キリン・シーグラムの鬼頭と和田が開発する「氷結」は、本来キリン・シーグラムのブランドで、同社の営業部隊が販売するはずだった。

だが「営業統合」を受けて、「氷結」をキリンブランドの商品として販売する方向に話が進む。

とはいえ、難題が山積していた。

「キリンはビールの会社だ。缶チューハイをわざわざキリンで販売する必要はない。

子会社にやらせておけばいい」

といった反対意見が根強かったのである。

伝統企業が新しい事業を始める時に、「抵抗勢力」が生まれるのはやむを得ない。ただ前田は「抵抗勢力」に直面しても、たじろぐことがなかった。

いつも持ち前のスピードと突破力で、「抵抗勢力」を封じ込めてしまう。

「前田さんは自分が正しいと判断したことを、断固やり遂げるリーダーでした。何より、反対派から僕ら現場の人間を守ってくれました」

そう鬼頭は述懐する。

ある意味強引ともいえる手法により、前田はヒット商品の企画を社内で通していた。そのおかげで、「一番搾り」「淡麗」「淡麗グリーンラベル」など、たくさんのヒット商品がキリンのラインナップに加わることになった。

ただその反面、前田の「敵」が社内に増えてしまうのも、ある意味やむを得ないことではあった。

鬼頭が作った「氷結」のサンプルを、前田がキリン経営陣の前でプレゼンした。その結果、「氷結」は、キリンの強力な販売網に乗ることになる。

キリン・シーグラムの一般消費者向け商品の企画が、親会社のキリンで通ったのは、これが初めてだった。

例外として業務用チューハイの企画が通ったことがあったが、それを加えても、「氷結」は親会社採用の２例目だった。

「微妙な甘さ」の秘密

「プレゼンの成功」を和田から聞いた時、鬼頭に特別な感慨はなかった。「ウオッカベースのチューハイ」に揺るぎない自信を持っていたからだ。

「間違いなく通る、という自信がありました」

と、いま鬼頭は振り返る。

報告のあったその日も、鬼頭はいつも通り、果汁とウオッカをブレンドしてテイスティングする作業を繰り返していた。

「氷結」がキリンブランドで発売されることが決まったため、和田はキリンに出向することになった。「淡麗」開発に携わって以来、２度目の本社出向である。

00年６月、キリン本体のマーケティング部内に「和田チーム」が発足する。

メンバーは４人。和田のほか、清涼飲料メーカーのキリンビバレッジから１人と、キリン若手社員が男女1人ずつ加わることになった。

一方、鬼頭はそのまま静岡県の御殿場《ごてんば》にある、富士御殿場蒸溜所にとどまった。

そこで鬼頭を中心に、当時のチーフブレンダーら4人による「最強チーム」が結成され、「氷結」プロジェクトを担当することになる。

プロジェクトにかかわる、開発チームの士気は高かった。ルーチンワークをだらだらこなすような社員は一人もいなかった。

「ただのチューハイではなく、ビール、発泡酒、日本酒のユーザーを全部引っ張り込むような、『市場創造型』の商品にしよう」

「キリン初の缶チューハイを成功させ、日本の酒類市場全体の構造改革を加速させよう」

チーム内では、こうした「商品開発の枠を超えた理想論」さえ飛び交っていた。

鬼頭もまた、「氷結」をできるだけ質の高い商品にしようと考えていた。

キリン経営陣に前田がプレゼンした「氷結」の「サンプル」では、メイン商品の「レモン」「グレープフルーツ」以外に、「梅」「洋梨」味も用意されていた。

鬼頭たちには当初から、「氷結」のフレーバーを増やしていくイメージがあったのである。

その「サンプル」でキリン経営陣の了承を得ていたものの、鬼頭はまだ悩んでいた。

「サンプルは、ウオッカをベースにした雑味がない味でした。ただ、もう一段レベルを上げなければ、サントリーに勝てないような気がしていました。まだ『微妙な甘さ』を実現できていなかったのです」

鬼頭はそう述懐する。

「氷結」の「微妙な甘さ」を担《にな》うのは「果汁」である。そのため、鬼頭は果汁の配分を変えてブレンドする作業を延々と繰り返し、少しでも味をブラッシュアップさせようとしていた。

企画通過の一報が届いた時も、鬼頭はその作業に没頭していたのだった。

そんな折、プロジェクトチームからある提案が出された。

「濃縮還元果汁ではなく、ストレート果汁を使う」という案だった。

提案したのは、清涼飲料を扱うキリンビバレッジから参加していたメンバーだった。

「濃縮還元果汁」とは、果汁を加熱して水分を飛ばし、文字通り濃縮させたものだ。マイナス20℃以下で冷凍保存でき、体積が小さいので、運搬や貯蔵コスト面で優れている。利用時には解凍し、水で希釈する。

レモンやグレープフルーツの原産地は海外がほとんど。そのため果汁の輸入には船便を使う。コストの問題があるので、果汁「100%」を銘打っていても、通常は濃縮還元果汁を使っている。

一方「ストレート果汁」の場合、果物から得た果汁を、殺菌のために熱処理しただけのものである。運搬や保存は濃縮還元果汁と同じく冷凍するが、利用する時は解凍するだけで、水で希釈しない。加工されていない分、「ストレート果汁」のほうが風味はいい。

しかし、容積は大きいため運搬や保存にかかるコストが高く、また取り扱いが難しいという問題がある。

そのため「ストレート果汁」は量産品には向かないというのが「常識」だった。

それでも、「氷結」の開発チームは、ストレート果汁にこだわった。「微妙な甘さ」の実現には、どうしても品質のいい果汁が必要だったのである。

キリン社内からは当然、反対論が噴出する。

「ストレート果汁を使うとコストが高くなる。たかだか140円の缶チューハイに、そこまでこだわる必要があるのか」

そうした反対論も、あながち間違いではなかった。「ストレート果汁」を使えばコスト高になるのは自明だったからだ。

これに対し、「氷結」チームの考えは違った。多少コストが高くなっても、結果的に売れるものを作れば問題はない。

それは、かつて前田が「一番搾り」を作った時と同じ発想だった。

最終的には、前田が反対意見を押し切って、ストレート果汁の採用を決める。

運命のネーミング変更

ストレート果汁の採用が決まると、鬼頭は世界中のレモンとグレープフルーツの調査を始めた。

問題は、「微妙な甘さ」を醸《かも》し出す果汁を、どこから、どうやって調達するかだった。

果汁としての味や品質以外にも、必要な要素はたくさんあった。どのくらいの量を供給可能なのか、冷凍設備の有無など、さまざまな要素を鬼頭は厳しくチェックしていった。

その結果、サプライヤーのとある香料メーカーから得た情報を頼りに、鬼頭はイタリアのシチリア島にある業者を捜し当てる。

最後の難関を突破したかに見えたが、このプロジェクトにはまだまだ乗り越えるべきハードルが残っていた。

当初、「氷結」の発売は01年4月を予定していた。ところが結果として、その予定をはるかにオーバーし、実際の発売は7月にずれ込んでしまったのである。

製造ラインの問題ではなかった。御殿場蒸溜所内に敷設《ふせつ》する専用生産ラインや、冷凍冷蔵装置の設置などはなんとか間に合うはずだった。

一番のネックとなったのは、品質チェックの問題だった。

「ストレート果汁」を使う缶チューハイは本邦初。そのため、品質面のチェックと評価に予想以上の時間がかかってしまったのである。

キリン社長に就任したばかりの荒蒔康一郎は、内心で焦《あせ》りを感じていた。

「総合酒類化の第一弾商品として期待していた氷結だが、これほど発売が遅れるようでは、売れないかもしれない……」

荒蒔の心配をよそに、「氷結」チームはブラッシュアップを重ねていた。

「氷結」は缶も特徴的だった。ベースカラーは「ブルーメタリック」、しかも開缶するとダイヤ形状の凹凸ができる特殊なアルミ缶（東洋製罐《せいかん》製）を採用する。ライバル社の製品にはない、新しい試みだった。

正式な商品名は「氷結果汁」に決まる。アルコール度数は7%。価格はサントリーの「スーパーチューハイ」と同じく、350㎖缶で140円（税別）となった。発売日は01年7月11日だ。

発売されるやいなや、たちまち大反響が巻き起こった。

7月最終週の金曜には、キリン社長の荒蒔みずから、お台場でのサンプリングに参加した。

「けっこうな人気じゃないか」

と、手応えを感じたという。

喜んだのもつかの間、消費者団体から「商品名が紛らわしく、ジュースと混同する」というクレームが入る。このため、キリンでは翌02年4月より、商品名から「果汁」を外し、「氷結」に変更する。

クレームはあったものの、「氷結」の人気は変わらなかった。売れ過ぎて供給が追いつかなくなるほどだった。

キリンの主戦場はあくまでビール・発泡酒である。

その主戦場では、01年通期でアサヒに敗れることが確定的だった。その結果「新キリン宣言」を11月に荒蒔は出すことになる。一方、缶チューハイ市場では、荒蒔は確かな手応えを感じていた。

もっとも、供給が追いつかないため、01年のうちは販売エリアを東日本に絞ることになった。

「来年には必ずお届けします。本当に申し訳ありません」

荒蒔はそう言って西日本の流通各社に頭を下げて回った。

「氷結」はシーズンが終わりにさしかかった7月発売だったが、年末までの販売目標は400万箱（1箱は250㎖缶が24本）。

蓋《ふた》を開けてみれば、611万箱というヒットだった。果汁の調達ができず、増産はこれが限界だった。

翌02年には、アルゼンチンなどにも果汁の調達ルートを拡大し、増産体制を整える。

その結果、キリンは「氷結」を2230万箱も売ることに成功する。

これによって、サントリーの1780万箱を抜き、キリンは一躍、缶チューハイ市場のトップに躍り出る。推定シェアはキリン27・4％、サントリー21・9％だった。

「氷結」の大ヒットをきっかけに、ライバル各社は缶チューハイのベースを甲類焼酎からウオッカへ切り替えていく。結果的にこれが功を奏し、缶チューハイ市場そのものが大きく成長することになる。その姿は、縮小してゆくビール市場とは好対照だった。

当時、あるサントリーの幹部は、「氷結」がヒットした理由をこう指摘していた。

「クレームによって、『氷結果汁』が『氷結』になったことで、ネーミングに神秘性がもたらされたことも大きかった。『氷結果汁』のままだったら、さほど目新しさもなく、売れゆきも振るわなかっただろう」

運も味方につけ、「氷結」は快進撃を続ける。

発売5年目となる05年の「氷結」販売量は約3600万箱。推定シェアは34・5%と、缶チューハイのダントツ首位となる。

缶チューハイ市場全体も、「氷結」発売の01年時点の5899万箱から、05年には1億4700万箱（62万8200kℓ）へと、77%拡大した（いずれも推定値）。

「氷結」が独走できた背景には、ライバルの「失策」もかかわっていた。

サントリーは03年4月に、20代向けの缶チューハイ「青春」を鳴り物入りで投入するが、不発に終わってしまう。

焦ったサントリーは、何とか20代の需要を掘り起こそうとするあまり、痛恨のミスを冒してしまう。
「スーパーチューハイ」のCMを、「スーパー部長」として人気だった三浦友和から、若手の稲垣吾郎に代えたのである。

これが失敗だった。

それまで、オヤジ向けの「スーパーチューハイ」、若者向けの「氷結」と、商品のすみ分けができていた。

だがサントリーは、みずからそのすみ分けを壊してしまったのである。
「いろいろいじっているうちに、スーパーチューハイは違う路線になってしまった」と同幹部は悔しそうに語る。

キリンが「ラガー生化」で失敗したのと同じ轍《てつ》を踏んでしまったのだ。

缶チューハイはその後、「RTD（レディ・トゥ・ドリンク）」と総称されることになる。「RTD」とは、「ふたを開けてすぐ飲める」飲み物のことで、缶入りハイボールや、ワンウェイ瓶入り発泡性低アルコール飲料なども含まれる。

コロナ禍明けの23年、RTD市場は販売量157万kℓ（推定）と、ビール類市場（ビール、発泡酒、第3のビール）の37%程度まで拡大した。05年と比べると約2・

5倍である。

そのRTD市場では、いまだにサントリーとキリンの2強時代が続いている。ただ日本コカ・コーラが18年に「檸檬堂《レモンどう》」で参入するなど、競争は激化している。サントリーは新商品攻勢によって10年頃にキリンを逆転する。23年のシェアはサントリーが40％強、キリンは約27％とみられている。

ブランド別では「氷結」はいまだに首位をキープ、約18％のシェアを有している。

前田が蒔《ま》いた「種」

「氷結」の成功について、かつて前田は筆者に次のように語っていた。

「氷結が成功した最大の要因は、商品のポジショニングだったと思います。氷結は缶チューハイ市場における新しい領域を開拓しました。『微妙な甘さ』によって、若い女性をはじめ、幅広いお客様の支持を得たからです。

それと、グループの垣根を越えて、開発メンバーが一つになれたことが、ブレークスルーをもたらしました」

もし仮に、キリン本体だけで、缶チューハイを開発していたら、どうなっていただろうか。

おそらく、ウオッカベースの缶チューハイという、柔軟な発想はできなかったはずだ。「チューハイとは、焼酎を使う酒だ」という固定観念にとらわれてしまった可能性は高い。

実際、同時期の01年5月にアサヒが開発した缶チューハイ「ゴリッチュ」は焼酎ベースだった。「サラリーマン応援チューハイ」をコンセプトとした「ゴリッチュ」の売れゆきはふるわず、失敗に終わっている。

キリン本体と、子会社キリン・シーグラムの社員たちの間には、それまでほとんど交流がなかった。「氷結」プロジェクトを通じて、一致団結し、大きな成果を上げたことの意味は、前田が語る以上に大きかった。

繰り返し述べてきたように、それまでのキリンは同質性の高い組織だった。

社員の大半は名門大学を出て、新卒一括採用された「エリート」。優秀ではあるが、周囲の反対の中、困難な仕事をやり遂げるといった「迫力」にかけるところもある。

それは元社長の佐藤も指摘していた「キリンの弱点」だった。

一方、「氷結」プロジェクトでは、違う文化で育った子会社の人材が、大きな役割を果たした。本社に足りない要素を、子会社のリソースが、うまく補完したのである。

異質な人材をチームに入れると、意見の衝突が起こったり、文化の違いに双方が戸惑ったりして、物事が進まなくなると思われがちだ。

伝統のある日本企業ほど、そうした考え方が根強い。

だが、実際にはむしろ逆のことが多い。同質性の強い組織のほうが、「足の引っ張り合い」に終始し、一致団結が難しい。そのため、斬新《ざんしん》なアイデアを形にできず、長期的に見れば売り上げを低下させてしまう。

一方、多様性のある組織では、自然にお互いを尊重する空気が生まれる。その結果、自由な発想をもとに斬新な新商品を開発し、売り上げを伸ばすことができるのだ。

目標に向かって、全社員が一丸となること。

それはキリンを逆転したアサヒが徹底した組織のあり方だった。

そして、かつての成功体験にあぐらをかき、変化を嫌い、足の引っ張り合いに終始していた古いキリンが、もっとも苦手とすることにほかならなかった。

「氷結」プロジェクトを通じて、異質な背景を持つ人材が一致団結したことこそ、キリンにとっての最大の成果だった。

アサヒにできたことは、キリンにもできるということを、「氷結」は実証したのである。

その成果をリードしたのが、前田仁だった。

前田は部門の責任者として、「異質」を恐れず、多様性のあるチームを作り上げた。いわば統合者（インテグレーター）である。彼は、若い社員に過剰に干渉することなく、活躍の場を与えた。

前田の働きにより、かつてあれほど閉塞感《へいそくかん》に包まれていたキリンに、変化のきざしがはっきりと現れ始めていたのである。

異質がその違いを認め合える組織について、前田は次のように書き残している。

「（リーダーである）自分に対して反対の意見や都合の悪いことを言ってくれる人も含めて、いろいろな個性の人や技能を持った人を意識的に集める。時には集団の和を乱すくらいの人も許容する組織を作ることが重要です。同質ばかりで構成された集団は、一見結束が固く強いように思いますが、実は多様な環境への対応や急な環境の変化への対応には弱さを露呈してしまうことがしばしばあります。Yes man 集団の弱さです。

一番良いのは『異能の集団が、合意した同じ目標に向かって、それぞれの専門性を活かして最大限に努力している』状態です。しかし、人には『合う、合わない』という相性の問題が付きまといます。これを解決するのはなかなか難しい課題ですが、実は『合う、合わない』と感じているのは正に当事者、自分です。自分が、合わないと感じなければ合います。（中略）要は『異質』を『異質と思わない』ある種の鈍感さが必要かも知れません。異質と思わずに、異質、異能を一杯取り込みましょう」（「運営の技術」）

部下の大失態

02年の夏、初めて開催された日韓ワールドカップに、日本中が沸いていた。キリンは78年よりサッカー日本代表の活動を応援していた。その縁もあって、この時「サッカー日本代表応援缶」を発売する。

中身は「淡麗」で、缶には出場予定選手たちの直筆メッセージが描かれていた。キリンのマーケティング部で、「日本代表応援缶」のリーダーを務めていたのは上野哲生だった。

この時、上野は30代後半。経営職に昇格し、チームを率いて「淡麗グリーンラベル」を開発した直後だった。

上野は、「日本代表応援缶」を、大手スーパーの本社でプレゼンする。反応は上々で、サッカー好きのバイヤーは喜んでくれた。

その結果、大手スーパーが大量に仕入れてくれることが決まり、プレゼンに同行したキリンの営業も大喜びだった。

「日本代表応援缶」はこの大手スーパー以外でも好評を博す。ワールドカップの盛り上がりも手伝って、販売は絶好調だった。

ところが、そんな最中、思わぬ「事故」が発生してしまう。

ある日、キリンの「お客様相談室」に一本の問い合わせ電話がかかってきた。

電話の主は若い男性だった。

「淡麗の『日本代表応援缶』は、普通の淡麗と中身が違うのですか」

その電話は上野に回される。

上野は、できるだけ印象のいい口調を心がけて、次のように答えた。

「いえ、中身は普通の淡麗と同じです。パッケージが違うだけです」

それに対する、電話の主の答えに、上野は不安を覚えた。

「そうなんですか。缶に表示されている原材料が違うので、気になって電話しました」

凍りついた上野をよそに、電話の主は淡々と続けた。

「普通の淡麗には、原材料に『米』と書かれています。なのに『日本代表応援缶』には、『米』と書かれていません」

それを聞いた上野は、全身に冷や水をぶっかけられたように感じた。

震えそうになる声を抑えて、「中身は同じ淡麗ですから、どうかご安心を」と答え、電話を切る。すぐに、商品の見本をしまってある棚へ向かう。

――お客様が勘違いすることはよくある。きっとそうに違いない……。

その間ずっと、上野はそう自分に言い聞かせていた。

棚にあった「日本代表応援缶」の見本を手にとり、急いで原材料表示を確認する。

次の瞬間、上野は卒倒しそうになった。

「日本代表応援缶」の原材料表示から「米」が抜け落ちていたのである。

――俺のサラリーマン人生は、これで終わったな……。

上野の胸中にそうした思いが沸き起こった。

「日本代表応援缶」のデザインを、最終チェックしたのは、リーダーの上野である。

最後に自分が判を押した場面を、はっきり覚えていた。

上野は顔面蒼白《そうはく》となっていた。ただ、そんな状態でも、とにかく前田のもとに報告に向かわねばならない。

前田は普段から厳しい上司だった。小さなミスでも叱責《しっせき》されることがある。ましてや、日本中が注目する「日本代表応援缶」の表示ミスという、大失態だ。前田が怒らないはずがなかった。

「部長、申し訳ありません……。大変なミスをしてしまいました……」

上野は前田の顔をまともに見ることができなかった。声も掠《かす》れてしまってうまく出ない。それでも何とか説明を終える。

黙って聞いていた前田は、次のように言っただけだった。

「そうか……」

前田の激高と叱責を予想していた上野は、拍子抜けしてしまった。

それほど、その瞬間の前田は冷静だったという。

「とにかく、いまはやれることをやりなさい」

前田は椅子《いす》から立ち上がりもせず、落ち着いた様子で、上野を諭した。

危機に直面すると、その人の「本性」が現れるという。

本当に深刻なトラブルに陥った時に、優秀な上司は、失敗した部下に感情をぶつけたりしないものだ。激怒したところで、トラブルがなくなるわけではない。冷静に善後策を講じることこそ本来やるべきことなのだ。

ただ、営業部の幹部が、部下を引き連れて怒鳴り込んでくるまで、時間はかからなかった。

「なんてことをしてくれたんだ!」

営業幹部があげた最初の怒声で、マーケティング部のオフィスは静まり返る。

「火消しは営業部がやる。お前らはそこで反省していろ!」

上野はすぐミーティングを開き、自社ホームページや新聞広告での謝罪文の掲載を決める。

一方、キリン上層部は、出荷前の「日本代表応援缶」については全量を破棄。すでに出荷した分については回収をしないという方針を固めた。

「米」は抜けていたものの、ほかの原材料はきちんと表示されていた。中身は「淡麗」そのもので、深刻な影響はないと判断したからだった。

もちろん、影響は大きかった。上野がみずからプレゼンした大手スーパーは、全量を返品すると応答する。営業の幹部が訪問して謝罪したが、返品は覆《くつがえ》らなかった。

理想の上司

発覚から10日あまりが過ぎる。この間、上野はやれることをやりながらも、針の筵《むしろ》に座っている思いだった。そんな上野に、マーケティング部で総務的な全体をまとめる仕事をしている上司から「(前田) 部長が呼んでいる。ついてきなさい」と言われる。前田より少し若い総務上司は、熱烈な前田信者だった。

二人は無言で歩き、小さな会議室に入る。すると、窓を背に、長テーブルの中央に前田が座っていた。総務上司は前田の後ろに回り込み、上野はテーブルを挟んで前田と対峙《たいじ》する。二人とも立ったままである。

「あのなぁ上野、俺はほんとに嫌なんやけど、お前ら懲戒処分だ」

「はい……」

「具体的には譴責《けんせき》や。なので、リーダーのお前と担当者の二人には、始末書を書いてもらう」

ある程度の覚悟は決めていたものの、懲戒という厳しい処分が下り、上野は少なからぬショックを受け、俯《うつむ》いてしまう。

しかし、前田が発した次の言葉には、自分の耳を疑った。

「あのなぁ、懲戒は全部で三人なんだ。俺も譴責にしてもらった。さっき、人事に頼んだところだ」

「エーッ⁉」

上野と総務上司は、同時に叫んでいた。

何がどうなったのか、前田は説明を始めた。

30分ほど前、人事部に呼ばれた前田は、上野と直接担当したメンバーの二人の処分を伝えられる。

「懲戒処分にします。譴責です」と。

これに対し前田は反発する。

「納得できません！　懲戒といったら、不祥事を起こした者が受ける処分です。確かに、『米』を落としたのはミスだった。しかし、会社の金を私《わたくし》したような輩《やから》とはまったく違う。同列に扱うこと自体、おかしい。二人は会社のため、ビールを愛するお客様のため、サッカーを盛り上げるため、何より世の中のために一生懸命働いています。その結果、チェックが甘くなったのだが、こんなことで懲戒処分されるようなら、マーケ部にも本社にも異動を希望する社員はいなくなってしまう」

「前田部長、示しがつかないのですよ。誰かを処分して、責任の所在を明確にしなければならないので」

「何を言っているんだ。それじゃあ、俺の二人の部下は生《い》け贄《にえ》じゃないか。そんなこと、俺は許さない。人材育成は人事部の仕事のはずなのに、人を殺して平気なのか！」

相手は人事部の幹部だったが、前田はお構いなしに語気を荒らげた。すると、ここで人事部の別の幹部が発言する。

「就業規則をお読みになりましたか？　就業規則の中に『会社に多大な損害を与えた場合は処分する』とあります。今回のケースでは、これが適用されたわけです。人事としては、懲戒は適切であると判断しています」

ジリジリとした時間が過ぎ、ここで前田は言った。

「上野たちを懲戒処分するなら、その前に俺を懲戒にしろ！　同じ譴責にしたらいい」

「何を言い出すのですか。できるわけがないじゃないですか。確かに前田部長には管理責任はあります。が、懲戒に値するほどではありません……」

適切と言った幹部が、狼狽えながら言葉を継いだ。

懲戒処分にするということは、前田の人事データに記録が残ることになる。

前田はいわばキリンのスターであり、いわゆる一選抜（初発ともいう）といって同世代で一番早く上級管理職である部長に就いた人材だ。就任時に40代の部長は社内で前田だけだった。

役員に昇格するのは時間の問題であり、将来はキリンビールかキリンビバレッジの社長に就いてもおかしくはない。

そんな逸材の人事データを汚《けが》すことがあれば、人事部の責任問題につながってしまう。

キリンをはじめ多くの日本企業では、新入社員から執行役員までの人事権を人事部が掌握する。採用に始まり、異動、昇進昇格と、上司が下す人事評価と照らしながら、最終的には人事部が決定していく。多くの社員の中で人事がマークするのは一選抜。

若い部長の前田は経営者育成という面から、人事が守らなければならない『宝』だったのだ。すでに、キリンの看板にもなっている。

「マーケティング部の責任者は俺だ。俺を懲戒にする。これが、二人の部下を懲戒処分にする条件だ。決して譲れない」

これは上野が後日、人事関係者から又聞きした話だが、前田は頑固で一歩も譲らなかったという。

「というわけだ。以上」

「ありがとうございます」

上野は自然と頭を下げていた。もうショックを通り越して、感動すら覚えていた。

——この人は、本当の『サムライ』だ……

上野も懲戒を受けた部下も、前田から特別高く評価されていたわけではなかった。そうした次元ではなく、自分の部下たちが安易に懲戒処分の対象となった理不尽さを、前田は許さなかったのだ。「前田さんの仲間を思う気持ちは、本当に強い」と上野はしみじみ感じた。

前田仁は身体《からだ》を張って、部下を守ろうとしたのだ。

前田の後ろにいた総務上司は、「人事部は何もわかっていません。現場を知ろうとしない。困った人たちですよ」と調子よく前田にお追従《ついしょう》をした。

上野であっても総務上司であっても、仮に前田の立場にいたなら、『今回のことを十分に反省して、二度と間違いのないように』と懲戒を受ける部下に対し、人事部のサイドに立って話していたに違いない。表面的には、きれいな言い回しだが、それは『もう、あなたの将来はこの会社にはない』ということを伝えているのと同義だ。出世欲の強い上司ならば、素早く、多くを被《かぶ》せて、さらには辛辣《しんらつ》な言い回しで部下を遠くに追いやったはず。

そもそも、人事権を有する人事部に喧嘩《けんか》を売る上級管理職など、めったにいない。自身が左遷《させん》された経験をもつため、正面から人事部に立ち向かえたのかもしれない。

前田の対応が功を奏したのか、その後の上野のサラリーマン人生に、「譴責処分」が影響することはなかった。

マーケティング部ののち、上野はエリートが集まる人事部に異動。最後は経理や人事業務をサポートする子会社の社長を務め、21年に退職している。

「懲戒と前田さんがかばってくれた件は、34年半に及ぶ私のサラリーマン人生の中でも、一番の思い出です」

と、上野はしみじみと語る。

マーケティングで一番重要なこと

89年入社の山田精二には、また別の思い出がある。02年初秋のある日、前田から呼び出しを受けると、開口一番こう言われたのである。

「今日のお前にはあきれたよ。お前は自分の仕事を小さく見せている。それは、お前に抽象的な概念が欠けている証拠だ。そういう人間はマーケティング部には必要ない」

山田はその日、経営職（管理職）への登用試験を受けていた。

無事に筆記試験を通過し、面接に臨むと、面接官のうちの一人が前田だった。

別の面接官から「あなたはいま、どんな仕事をしていますか」という質問が投げられると、山田は次のように答えた。

「糖質オフの発泡酒『淡麗グリーンラベル』を開発して、今年4月に発売しました」

前田を怒らせたのは、この回答だった。

単に事実だけを答えるようでは、マーケターとして「失格」だ。山田は前田からそう断じられてしまったのである。

当時を振り返り、山田は次のように語る。

「本当は、次のように答えるべきでした。

『私はいま、世の健康意識の高まりを受けて、そのニーズを取り込む仕事をしています。その一環として開発に携わった発泡酒『淡麗グリーンラベル』は、『健康系』のお酒として、日本で初めてのヒット商品となりました。さらに、『健康系』というジャンルを市場に定着させ、『淡麗グリーンラベル』のブランド価値を高める仕事に、取り組んでいるところです』」

それまでの山田は、まったく逆の考え方をしていた。

具体的な事実をもって、簡潔に説明することこそ、仕事において何よりも重要なことだと捉《とら》えていた。その山田に、前田は「複雑で抽象的な概念と向き合うことが、マーケティングの仕事ではもっとも重要なのだ」と伝えたのである。

前田の厳しい「叱責」を受けて、山田は仕事との向き合い方を大きく変える。

あえてダサく作れ

02年2月27日、キリンは発泡酒の新製品「極生」を発売した。価格は３５０㎖缶で通常より10円安い135円。

この時、キリンは、「極生」の安さの理由をこう説明していた。

「販売奨励金（リベート）を一切出さず、テレビCMも打たない。その上、缶や箱についてもできるだけ簡素化して、コストダウンを図った」

この戦略を考えたのは、前田だった。

「極生」の価格戦略は、単なる「値下げ」ではなかった。リベートを廃止することで、全国どこでも、どのチャネル（流通経路）でも、同じ価格で販売することを狙《ねら》った「全国統一価格」戦略だった。

前田によるこの戦略のモデルは、99年1月にトヨタが発売したエントリーカー「ヴィッツ」にある。

バブル崩壊後の日本経済が「デフレ」化する中、小売店では「過剰な値下げ合戦」が深刻化していた。その結果、メーカーも小売店も、利益率が下がっていた。

その対策として、前田は、卸へのリベートを廃してまで、全国ワンプライスにこだわった。

価格戦略も功を奏し、「極生」はまずまずの売れ行きを見せる。

ただ「極生」は、前田がかかわった商品の中では異質だったようだ。

「前田さんは日頃、『ヒットするには、親しみやすいことが大事だ。パッケージデザインはカッコよく作るよりも、あえてダサく作れ』と言っていました。しかし、極生だけは、前田さんは『カッコよく作れ』と指示していました」

と、山田精二は証言する。

「全国統一価格戦略」は、意図せざる副産物をも生むことになる。

キリンが安価な「極生」を投入したことを、アサヒは次のように読んだ。

「極生は、キリンがいずれ、低価格路線を採用するための布石だ。キリンはきっと、主力商品の淡麗を10円値下げするだろう」

この「読み」をもとに、アサヒはキリンへの対抗策を検討する。

その結果、アサヒは「本生」を、発売1周年に当たる2月21日から3月末までの期間限定で、10円値下げしたのだった。

もちろん、こうした低価格路線には、アサヒ内部でも反発があった。

アサヒのマーケティング部は、「価格を下げれば、ブランド価値も下がり、せっかくヒットした『本生』を殺すことになってしまう」と、値下げに猛反対する。

しかし、主流の営業本部は、値下げを強硬に主張した。

「キリンに再逆転を許してはならない」が、彼らの「金科玉条」となっていた。

結果、営業本部の意見が通り、「本生」は期間限定ではなく通年で値下げされてしまう。02年6月には、「本生」350㎖缶は10円値下げされ、135円となった。

「アサヒはいったい、何を考えているんだ！」

「本生」の値下げを知った前田は、そう「激怒」したという。

ビール業界全体が、際限のない「値下げ合戦」に突入していけば、各メーカーは利益を確保できなくなり、いたずらに「体力」を消耗することになる。

もともと、「値下げ合戦」にブレーキをかけるための、前田の「全国統一価格」戦略だったが、完全に裏目に出てしまった。

アサヒの値下げを受け、ほかの3社も主力の発泡酒を相次いで10円値下げする。

発泡酒の店頭価格は、02年の年初の時点では、110円前後だった。だが、同じ年の6月には、実質的に100円を切る店も現れる。

こうしてビール業界は、メーカーも流通も「消耗戦」に突入していく。

前田のみならず、ビール3社の首脳は、みなアサヒに対して怒っていたという。

この値下げ合戦は、さらに別の悪影響を及ぼす。

それは「増税」だった。

ビール業界では00年、01年の年末に「発泡酒増税反対」で団結し、増税回避を勝ち取ったばかりだった（00年はアサヒは参加しなかった）。

しかし、「値下げ合戦」は、「価格を下げられるということは、税金を取る余地がある」という「増税の口実」を国に与えてしまうことになった。

02年末にもビール4社は共闘したが、ついに発泡酒の増税が決まってしまう。03年5月に発泡酒は、350㎖缶で10円増税されることになった。

ただ、ビール業界が直面した本当の危機は、ほかにあった。

最大の問題は、ビール市場の縮小だった。

02年以降、コロナ禍だった21年まで、ビール類市場は毎年減少を続けていく。

唯一《ゆいいつ》の例外は04年だが、この年は「第3のビール」をサッポロが全国発売、サントリーも参入して市場が盛り上がった。

ビール類市場のピークは94年。オリオンビールを除く大手4社の市場規模は出荷ベースで5億6785万箱。これが、コロナ前の19年には、3億8458万箱に減少する（ちなみに、コロナ禍に見舞われたビール類市場は、業務用がまったく振るわず激減する。21年の4社合計の販売数量は、推計約3億3080万箱で着地している。22年は業務用が多少回復し前年比2・5%増。ただし23年は、前年比1ポイント減だった)。

95年からコロナ前の19年までの25年間で、1億8327万箱が減った計算になる。特に、02年以降の減少率が大きい。

ビール市場が縮小する中、どれだけ値下げしたところで、売れる「量」には限界があった。

そのため、値下げすればするほど、その減少分はビール会社の利益に跳ね返った。

その上、値下げにより、ビール系飲料は「価値が低い」というイメージを、消費者の間に醸成してしまったことも問題だった。

アサヒ1社が悪いというわけではなく、業界全体の問題ではあったが、「値下げ合戦」はビール会社の体力を、ボディーブローのように削っていった。

一方、「氷結」のヒットにより、RTD市場の拡大がもたらされていた。

そのため、発泡酒から、缶チューハイなどのRTDへ、ユーザーが流れていくことになる。

終章　昔話では食えない

現場の人

「前田さんは、『現場の人』でした。生産や営業といった現場が大好きで、人事や企画といったスタッフ部門の仕事は、あまり好きではありませんでした」

前田の部下だった上野哲生はこう証言する。

そんな前田にも「転機」がやって来る。

04年3月末、前田はマーケティング部長として執行役員になった。その半年後の9月には、執行役員酒類営業本部企画部長に就任している。

マーケティング部の仕事から離れることになったことが、その後の前田の運命を大きく変える。

04年2月4日、サッポロは初めての「第3のビール」（新ジャンルとも呼ぶ）である

「ドラフトワン」を全国発売した。

前年の03年秋に、サッポロは北部九州（福岡、大分、佐賀、長崎）において「ドラフトワン」のテスト販売を行っている。

「ドラフトワンはよくできている。テスト販売時の製品とはまるで別物だ」

当時キリン社長の荒蒔は、全国発売されたドラフトワンを飲むとすぐ、翌05年春の「第3のビール」投入を、トップダウンで決定した。

この開発を担当したのは、前田が01年に実施した社内公募でマーケティング部にやってきた土屋義徳だった。

04年12月には、極秘のうちに商品名が「のどごし」と決まる。製品の中身についても土屋が作り込んでいった。同時に、キリンは「第3のビール」の製造免許を水面下で取得。工場での生産態勢を整えていく。

「氷結」の初動において「品切れ」が起きたことへの反省が活《い》かされていた。

04年末にはアサヒが、05年の年明けにはキリンが、相次いで「第3のビール」への参入を発表する。

こうして、「第3のビール戦争」が勃発《ぼっぱつ》したのである。

「のどごし」の発売は、4月6日に決まった。

「花見の時期に間に合わせたい」という営業の要請に、生産部門が応《こた》えた結果だった。急ピッチで量産体制の整備が進められ、当初の計画より、2週間も早い発売が実現した。

一方、アサヒが「第3のビール」を発売したのは4月20日。発売直後は好調だったが、すぐ失速してしまう。

アサヒは明らかに準備不足だった。というのも、財務省が「第3のビール」への増税を検討していたことが大きく作用していた。

「年末の税制改正で、増税が決まれば、第3のビールには参入しない」と、アサヒ経営陣は考えていた。

そのため、発売までに十分な準備ができていなかった。

一方、キリン経営陣は「増税があっても参入する」と、早くから決断していた。

結局、「第3のビール」への増税は1年先送りされ、06年に実施される。先送りされた理由は、04年秋、すでに「ドラフトワン」を発売していたサッポロが、自民党の税制調査会や財務省、政府税調などへのロビー活動を密《ひそ》かに行っていたからだった。

「(04年の段階で)財務省は本気でした。また、関係する議員先生にも『増税すれば個別企業の狙《ねら》い撃ちですよ。不公平じゃないですか』とお話ししました」

と、当時サッポロビール相談役だった福田貞男は証言している。

ギブ・アンド・ギブ

さて、キリンは「のどごし」の販売に「総力戦」の構えを取る。

当時、キリン常務として営業部門のトップだった加藤壹康《かずやす》は、「キャンピングカー」を使って、全国の支社支店や営業現場を回っていた。そのため、時にはカレーなどを自炊することもあったという。

この「キャンピングカー作戦」は当時、企画部長になっていた前田の立案だった。

総力をあげた販売態勢が功を奏し、「のどごし」はヒットする。年末までに278万箱（1箱は大瓶20本）を販売し、「ドラフトワン」を抜いて、「第3のビール」ブランド1位となる。

ビール「No.1」の座をアサヒに奪われていたキリンだったが、「淡麗」「淡麗グリーンラベル」そして「のどごし」と、「発泡酒」「第3のビール」のヒットによって、「反転攻勢」に転じていく。

05年のキリンのシェアは前年より1・3ポイント上昇して35・7%に。一方のアサヒは0・8ポイント落として38・8%で着地する。その差は3%まで縮まっていた。

さらに、キリンは06年上半期に、一時的に「再逆転」に成功する。

この時のシェアは、キリン38・4%、アサヒ36・0%。ただ、06年を通した数字では、アサヒ37・8%、キリン37・6%と、首の皮一枚でアサヒが勝っていた。

キリンは確実に、アサヒに迫っていた。

アサヒの強みである、組織力や営業力が衰えたわけではなかっただろう。主力商品の「スーパードライ」はまだ売れていた。

ただアサヒは「スーパードライ」以降、ヒットらしいヒットを生み出すことができていなかった。

一方のキリンには、前田と、彼が育てた部下が生んだ、数々のヒット商品があった。

「首位奪還」の条件が、整いつつあったのである。

だがしかし、キリンにとって、乗り越えるべきハードルはまだまだ残っていた。

「のどごし」が好調で勢いづいていた06年の年明けに、キリンはまたしても「トップ人事の混乱」に直面する。

社長の荒蒔は、自身の後継者として、スタッフ部門出身のある役員を指名した。しかし、この案が通らなかったのである。

「荒蒔さんの前任者で、当時は相談役に退いていた佐藤安弘さんが、この人事を認めなかったのです。荒蒔さんが指名したのは、佐藤さんと同じく、経理部門出身の役員でした。なので、佐藤さんの反対は不可解でした。その上、佐藤さんは荒蒔さんの後継者として、営業のトップだった加藤壹康さんを推したことで、混乱が生じてしまいます」

当時キリン幹部だったある人物は、こう証言する。

本来、後継者の人事は社長の専権事項である。

荒蒔は「新キリン宣言」によって、逆襲のきっかけを作った社長である。目下、「淡麗」「氷結」「のどごし」のヒットによって、売り上げも好調を維持している。そんな実力者の荒蒔でさえ、後継社長を指名できないというのは、ガバナンス上の大きな問題だった。

「少なくとも、あの人事については、佐藤さんは『老害』そのものでした。当時の佐藤さんは取締役ですらなかったのに、社長人事に口を出したのです」

当時の事情を知るキリン関係者の多くは、佐藤の行動をそう批判する。

もともと佐藤自身、「老害」と戦った人物だった。

93年の商法違反事件で、会長を引責辞任した本山英世に、「会社にはもう来ないでください」と直言したのが佐藤である。

ただ、その佐藤自身が、相談役に退いて以降、頻繁に出社していたというのは皮肉だ。

「人には旬《しゅん》がある」と言ったのは、アサヒ社長だった樋口廣太郎だ。立場が変わると、人間は変わるものなのかもしれない。

一方、前田仁という人物は、生涯にわたってブレることがなかった。

キリンという巨大組織にあって、前田が「私欲」を追うことは一度もなかった。本質的な商品を作り続けるために、時には身体《からだ》を張り、社内の批判から部下たちを守っていた。

「前田さんは『ギブ・アンド・テイク』の人ではありませんでした。誰に対しても『ギブ・アンド・ギブ』の人でした」

キリンの「伝説の営業マン」として知られる真柳亮はそう話す。

どのジャンルにおいても、ビジネスとは厳しい世界だ。時には「生き馬の目を抜く」ような競争を勝ち抜いていかなければならない。

高潔な人間性だけでは、どうしても足をすくわれてしまう。

キリンに限らず、日本企業全体、いやグローバルに見渡しても、前田仁は希有《けう》な存在だったといえる。

ゲームチェンジャーとしての「極生」

さて、佐藤が社長に推薦した加藤壹康は、06年3月末に、キリン社長に就任する。「本流」である営業部門出身の社長は、本山英世以来、実に14年ぶりだった。

06年1月16日に行われた就任会見において、加藤は次のように語った。

「私は、アサヒに抜かれた時の悔しさを、1日たりとも忘れたことがありません。必ず再逆転してみせます」

加藤は1944年生まれ、静岡市出身。慶應義塾大学商学部を68年に卒業してキリンに入社している。

85年にマサチューセッツ工科大学に留学し、MBAを取得。その後、アメリカ市場でキリン製品を販売するKIRIN USA（ニューヨーク）の副社長を4年、同社社長を2年半務めている。

その経験から、アメリカの流通事情を熟知しているのが、加藤の強みだった。

加藤はそのソフトな見た目とは裏腹に、「力ずくで押し通すタイプ」と評されていた。実際、社長となって以降、「ワンマン経営」を実行していく。

その加藤は前田を高く評価していた。前田は、加藤によって経営陣の一角へと引き上げられていくことになる。

加藤と前田の関係を深めるきっかけとなったのが、ビール類の「新取引制度」だった。

05年に、キリンが主導して始めたものだが、この動きの中心にいたのが、当時営業トップの座にあった加藤だった。

「新取引制度」とは、希望卸売価格と希望小売価格を廃止し、オープン価格を導入するものだった。メーカーが提示するのは、出荷時点での価格のみ。その先で、卸や小売りは売価を自由に決められるというのが、この制度の核心だった。

この「新取引制度」によって、メーカーが卸に取引量に応じて支払っていた応量リベートは廃止されることになる（ただし、取引の効率化のために支払う「機能リベート」は残る）。

キリンは04年の年明けに、この「新取引制度」を1年後に導入することを宣言する。ほかのメーカーもこれに追随し、「新取引制度」は05年の年明けからスタートした。

この間の事情を、キリンのある役員経験者は次のように語った。

「加藤さんは、卸を介さず、メーカーと小売が直接取引する、アメリカ型の経済構造を志向していました。イオンの岡田元也社長（当時）と考え方はよく似ていて、実際につきあいも深かったようです」

加藤がこの「新取引制度」の設計を始めたのは、取締役九州支社長から本社の取締役酒類営業本部営業部長に就任した01年10月だった。

この時すでに、リベートを支払わずに全国統一価格で売る発泡酒「極生」の開発は、ほぼ終わっていた。

06年2月9日、キリン会長への就任が決まっていた荒蒔は、筆者の取材に対し次のように語っていた。

「極生は、05年の新取引制度導入の『先兵』でした。90年代からビール業界は値下げ合戦に苦しんでいましたが、リベートの存在こそ、値引きをエスカレートさせる元凶でした。極生はその流れを変える『ゲームチェンジャー』として開発されたのです」

「しかし、卸からは『リベートがなければ利益が出ない』と、総スカンを食らいました。それでも、時間をかけて説得していくうちに、卸も、『ちゃんと売っていけば、利益は出る』という考え方に変わっていきました」

ただ、当の前田は、取引構造の改革まで考えていたわけではなかったようだ。

「前田さんはよく、発泡酒価格についての、お客様の『不信感』を払拭《ふっしょく》しなければならない、と言っていました。そのため、同じ商品はどこで買っても同じ価格という、ワンプライスショッピングを志向していたと思います。実際、ノンリベートの極生はそういう商品でした。この点について、前田さんは加藤さんと頻繁に話をしていました」

と、当時キリンのマーケティング部員だった人物は証言する。

おそらく、加藤と前田の関係が深まった背景には、こうした事情があったのだろう。

もっとも、前田と加藤の関係は、ワンマンの加藤に前田がこびへつらうというものではなかった。「天皇」本山政権下と同様、加藤政権下でも「イエスマン」が増殖する中、前田はあくまで「一言居士《いちげんこじ》」を貫いていた。それでも、加藤が前田を切ることはなかった。

加藤のもとで、前田は徐々に経営手腕を発揮し始める。

06年11月、キリンはメルシャンと業務提携し、友好的TOB（公開株式買い付け）を行う。この件を担当したのが、当時企画部長を務めていた前田だった。

ＴＯＢは成立し、その年の12月に、メルシャンはキリンの子会社となる。

翌07年７月、キリンは純粋持株会社制へ移行。メルシャンはキリンホールディングス（ＨＤ）の事業子会社となった。

この時、前田はキリンＨＤ常務執行役員と兼任で、メルシャン代表取締役専務執行役員に就任する。

困った時の前田頼み

それから約１年半後の09年１月26日。

東京都千代田区にある東京會舘では、午後３時過ぎから記者会見が行われていた。その席上、清涼飲料を手掛けるキリンビバレッジ社長に、前田が就任することが発表されたのである。

壇上の中央にはキリンＨＤ社長の加藤が陣取っていた。記者席から見て、左手に前田仁、右手には同時期にキリンビール社長に就任する松沢幸一が座っていた。前田と松沢は同期入社だが、院卒の松沢のほうが年齢は上である。

加藤は前々から、前田のことを「経営者の素養がある人」と評していたという。

その言葉通りに、前田は事業会社の経営トップに上り詰めたのである。

社長に就任した前田に、さっそく送迎用の社用車（いわゆる黒塗り）が用意される。

だが、前田はこれを拒否したという。

その理由は、「電車通勤を続けたい」というものだった。

社用車で通勤していると、どうしても「庶民感覚」を失ってしまう。一方、満員電車で通勤すれば、一般の人々の考えや行動、嗜好《しこう》について肌感覚でつかむことができる。

社用車に乗って自己満足に浸るよりも、そうやって日々情報収集することのほうが、前田には重要だった。

社長に就任しても、本質的な部分では、前田はまったく変わっていなかったのである。

キリンビバレッジとしては困ってしまった。経営トップの送迎は、贅沢《ぜいたく》をさせるためではない。セキュリティ面で送迎はどうしても必要なのだ。

「社長の身体はお一人のものではありません。会社全体の問題です。使ってもらわないと困ります」

そう説得された前田は、しぶしぶ黒塗りを利用することにしたという。

09年当時、キリンビバレッジの広報部長を務めていた坪井純子は、証言する。

「社長になった前田さんは、よく次のように言っていました。

『昔話では、会社は食べていけない。次の成功、新しい価値創造を常に求めていかなければダメだ』

前田さんは昔の栄光にあぐらをかくことに興味がなかったのだと思います。『ヒットメーカー』として持ち上げられるのも、おそらく嫌だったのでしょう。絶えず移り変わる『お客様』という存在を、いかに捉《とら》えるか。前田さんの関心はその点に集中していました。

前田さんは幅広い知識を持っていて、普段の会話にも『リベラルアーツ』の香りが漂っていました。マーケティングについても一貫した哲学を持っていました。

前田さんの考えでは、マーケティングとは『ビジネスそのもの』であり、ヒット商品を作るための単なるノウハウではありませんでした。

どのようなものをお客様は望んでいるか、それをどのような形で、どのような方法で売ればいいか。前田さんにとってのマーケティングとは、そうしたことを総合的に考える作業でした。

つまり、前田さんにとってのマーケティングとは、商売そのもの、『経営の本質』だったのだと思います」

坪井は85年に東京大学理学部を卒業し、キリンビールに入社。女子総合職として初めて製造部技術課に配属されたほか、キリンにとって初めての女性経営職（97年）、初めての女性執行役員（14年）など、「初めて尽くし」の人材である。24年3月からはキリンＨＤ副社長だ。

社長就任後の前田をものがたる、あるエピソードがある。

前田はキリンビバレッジの社長室を使わず、広報部の一角にある、お客様相談係の近くに、自分の席を置いた。そのため、当時部長だった坪井の隣に、前田が座ることになった。

その席から、前田はいつもこう言っていた。

「いつもお客様を見ろ。お客様がすべてを決めてくれる」

ちなみに、前田が使わなかった社長室は、打ち合わせや会議用スペースとして使われていたという。

キリンビバレッジの社長就任について、前田の妻、泰子は次のように語る。

「『困った時の前田頼みや』と、話していました」

キリンの元役員は、その背景について次のように解説する。

「前田さんがかつて経営幹部に就任したメルシャンは同族企業でした。そのため、ガバナンスの緩みが目立っていました。また、前田さんが社長になったキリンビバレッジには、量を売ろうとするあまり、利益が出ないという経営問題がありました。つまり、前田さんが経営を任されたのは、経営環境が厳しい会社ばかりだったのです。

難しい会社を任せることで、加藤さんは前田さんを経営者として鍛えようとしたのかもしれません。

実際、前田さんはうまくメルシャンを律して、徐々に競争体質へ変えていきました。前田さんは一番搾《しぼ》りの開発のあと、ワイン事業へ左遷《させん》されます。ただ、その時に腐らなかったどころか、ワインについて勉強しました。おかげで前田さんはワインに精通していました。

もしかすると、前田さん本人はキリンビバレッジの社長よりも、メルシャンの社長になりたかったのかもしれません」

幻のサントリー統合計画

経営者としての前田を、大舞台が待っていた。

キリンビバレッジ社長に就任して約3カ月後の、09年7月13日。ビール業界のみならず、日本の経済界全体を揺るがす大ニュースが飛び込んでくる。日本経済新聞の朝刊一面に『キリン、サントリー経営統合へ』というスクープが掲載されたのである。

アサヒに抜かれたとはいえ、ビール業界における絶対的な存在だったキリンと、08年に業界3位に浮上しウイスキーでは圧倒的な強さを誇るサントリーの統合の報は、日本に大きな衝撃を与えた。

この統合を秘密裏に進めていたのは、サントリー社長の佐治信忠と、キリン社長の加藤だった。

45年生まれの佐治は、慶應義塾大学の経済学部を出ており、慶大商学部卒の加藤と同級生だった。ただし、学生時代に会話を交わしたことはなかったという。

佐治は背が高く、有名企業サントリーの御曹司《おんぞうし》として、キャンパスでは有名人だった。一方の加藤は、静岡から上京した一般学生に過ぎない。

そんな二人は、加藤がキリン社長に就任した06年春頃から、定期的に食事をともにする関係になっていた。大学を卒業してから、実に38年もの月日が経《た》っていた。

やがて佐治は、加藤に対して「経営統合」を提案する。

「経営統合によって、国内で圧倒的なポジションを確保し、世界市場に打って出ていく」というシナリオだと、当時、佐治は語った。

当時の両社の売上高を合算すると、世界5位の食品メーカーが誕生するはずだった。

少子高齢化に歯止めがかからず、国内市場の縮小が深刻化しつつあった。その中で、それまで国内事業中心だった酒類メーカーが取りうる方策は、「合従連衡《がっしょうれんこう》」か、「海外進出」となるのは必然である。

とはいえ、これほど大規模な経営統合を進めるには、当然社内の反発も予想される。サントリーのオーナー社長である佐治と、サラリーマン社長ではあるが、ワンマンで鳴らした加藤の関係があってこそ、進められた計画だった。

加藤は、この「サントリーとの経営統合」を念頭に置いて、経営にあたっていた。つまり、前田がキリンビバレッジ社長に就任したのも、また同期の松沢がキリンビール社長となったのも、サントリーとの統合後をにらんだ、加藤の布石だったのだ。

加藤がサントリーとの統合計画について、前田と松沢に打ち明けたのは、前述の東京會舘での「社長就任会見」の少しあとだったようだ。

2社の経営統合が公《おおやけ》になる7年前の02年5月に、筆者は当時執筆していた書籍のために、佐治に取材したことがある。

当時から佐治は、少子高齢化による市場縮小によって、ビールの4社体制はいずれ破綻《はたん》すると予想していた。

「サントリーは5年以内に国内でM&Aを行使する可能性がある。その場合の対象はキリンビールとなるだろう。必要な資金は、サントリーの上場により賄《まかな》っていく」

02年8月に出版された拙著『ビール15年戦争』(日本経済新聞出版)に、佐治のこの発言を記した。

反響は大きかった。ただ、「サントリーとキリンが一緒になることなど、あるわけがない」という、否定的な反応が大半だった。

しかし、5年後ではなく7年後、しかもM&Aではなく統合だったが、佐治の「計画」は具体的な進展を見せる。

日本経済新聞がキリンとサントリーの統合を「スクープ」した夜は大騒ぎだった。

この問題の解説のために、筆者にもテレビやラジオからの出演依頼が相次ぎ、身動きがとれなかった。

翌14日の夜、筆者が中央区の自宅に加藤を訪問すると、「年末の合意に向けて、現在交渉を進めている」と、統合交渉中であることを認めた。

筆者はその足で、港区にある佐治の自宅前へ移動。帰宅した佐治は、筆者を含めた記者団に向かって、饒舌《じょうぜつ》に語った。

「統合相手はキリンしかないと思っていた。商品開発力をはじめ、キリンの持つポテンシャルは魅力的だ。今回は『婚活』がうまくいった。特に仲人《なこうど》はなく、相思相愛の関係だ」

この時、佐治が放った一言が記憶に残っている。

「キリンには人がいる」

キリンの商品開発力を褒めちぎったことと合わせて考えると、佐治が「キリンには人がいる」と言ったのは、前田を念頭に置いたものだったと思えてならない。

44年生まれの加藤、45年生まれの佐治に対し、前田は50年生まれとまだ若かった。キリンとサントリーの統合会社から世界に打って出るための中心人物として、佐治は前田を位置づけていたに違いない。

ビール会社の合従連衡は、国内のみならず、世界でも進んでいた。

08年7月には、世界最大のビール会社インベブ（本社ルーベン）が、「バドワイザー」のアンハイザー・ブッシュ（同セントルイス）を、520億ドル（当時のレートで約5兆円）で買収することが決まった。

巨大企業アンハイザー・ブッシュ・インベブ（ABインベブ・同ルーベン）が誕生し、ビール会社の世界的な再編が一気に加速する。

その後、16年10月には、世界首位のABインベブが、同2位の英SABミラーを買収した。買収金額は790億ポンド（当時の為替レートで約10兆1000億円）にも及んだ。

経営の規模では、日本のビール会社は世界では勝てない。ただ、日本のビール会社にはある優位性が存在する。

それは「商品開発力」だ。

ビールに限っても、短期間でこれほど多くの新商品が投入されているのは、世界でも日本市場くらいなものだ。

その上、「氷結」をはじめとするRTD市場においても、多彩な新商品を生み続けている。

世界のビール大手は、これほどの商品開発力を持っていない。この点で、日本のビール会社が世界と戦い、勝っていく可能性はあった。

佐治は、そうしたことを考え、前田に期待していたのではないだろうか。

もしそうなっていたら、前田や前田の弟子たち、さらにサントリーとの合同チームが作ったビールやRTDが、世界中の街角で飲まれていたかもしれない。

前田は、異質で多様なメンバーそれぞれの長所を引き出し、最終的に商品開発に結びつけていくのを得意としていた。日本人には珍しい、優秀なインテグレーター（統合者）だった。自分の意見を否定されても動じず、自分をも第三者的に捉えることのできる男だったといえよう。

しかし、翌10年2月8日、キリンとサントリーの経営統合は破談となってしまう。統合比率をめぐって、双方の折り合いがつかなかったことが理由だ。

この破談の責任を取り、キリンHD社長の加藤は、代表権のない会長に退くことになった。加藤に代わって、キリンHD社長に就任したのは、副社長を務めていた70年入社の三宅占二《せんじ》だった。

前田を評価し、経営陣の一角へ引き立てた加藤が失脚したことで、前田にとっては厳しい状況が生まれる。

ちなみに余談だが、筆者は加藤にやや疎《うと》んじられていたふしがある。「サントリーはいずれキリンをM&Aする」などと本で書いたのだから、嫌われても仕方がない。

記者会見後のぶら下がり取材などにおいて、加藤は筆者と視線を合わせようとしなかった。

その加藤が、一度だけ筆者に近づいてきたことがあった。

日経のスクープの1カ月ほど前のことだった。その日はキリン役員とマスコミ関係者の懇親会が開かれていた。その席上、なぜか優しい視線を送られた。

ようやくわだかまりを解いてくれるのかと、そう単純に筆者は思っていた。

その直後に、サントリーとの統合が発表されたことを考えると、加藤には別の意図があったように思えてならない。

加藤が発していた「信号」を、筆者はうまく読み解けなかった。

キリンとサントリーの統合は、アサヒにとっても大問題だった。

スクープの直後、当時アサヒ社長だった荻田伍《ひとし》はこう語っていた。

「これで、シェア競争をする意味がなくなりました。キリン・サントリーが統合すれば、もう勝ち目はないからです」

この時、アサヒは泉谷直木《いずみやなおき》専務を中心に、あるシナリオを作成していた。それは、「キリン・サントリー統合会社が、アサヒを国内市場で駆逐する」シナリオだった。

このシナリオを回避する方向で、アサヒは生き残り策を必死に考えていた。統合の破談によって、このシナリオが日の目を見ることはなかった。

ただ、この年のキリンは絶好調だった。半期ではなく通期で、キリンは9年ぶりにアサヒを抜き、首位に立つ。

「のどごし」の販売が好調だったこともあるが、統合問題を受けて、アサヒがシェア競争に本腰を入れていなかったことも大きかった。

実際、翌10年になると、キリンは再び2位に転落する。

09年当時、大阪支社長を務めていた布施孝之は、キリンビール社長を務めていた20年7月、筆者の取材に次のように語っていた。

「たった1年で首位陥落してしまったのは、本社がブレてしまったからです。09年にリニューアルしたこともあって、当時は一番搾りの販売が好調でした。一番搾りに注力するべきなのは明らかでした。ですが、本社は『一番搾りだけでなく、ラガーも強化せよ』と、無茶な指示を出していました。

もう一つの理由は、首位奪還が自己目的化してしまったことです。ずっと『打倒アサヒ』を掲げていたわけですが、いざその目標を実現してしまうと、勢いを失ってしまったのです」

布施が指摘する通り、キリンの勢いはその後、急速にしぼんでいく。10年以降は、盛り返すどころか、シェアダウンが続く。特に12年以降は、落ち込み幅がどんどん大きくなっていった。

その悪い流れに影響されたかのように、前田に大きな転機がやってくる。

キリンとの別れ

12年3月、前田はキリンビバレッジ社長を退任する。この時、同期入社の松沢もまた、キリンビール社長を退任している。

2人には、会長や相談役といったポストは用意されなかった。松沢とともに前田はキリンを追われたのである。

この直前の11年11月に、キリンはブラジルの大手ビール会社スキンカリオールを、約3000億円で買収していた。

当初の予定金額は2000億円だった。だが、ブラジルのビール会社の一部株主が、訴訟を起こした結果、キリンは1000億円も余計に支払うことになってしまった。

そのため、買収を決断した三宅社長への批判が社内外から高まっていた。

当時キリンの幹部だった人物が、事情を語る。

「三宅さんは、ブラジルのビール会社の買収によって、キリンHDの事業の軸足を海外に移すという戦略を描いていました。

その際、手薄になる国内事業の強化も必要になっていました。

それを受けて、三宅さんはキリンビールやキリンビバレッジといった事業会社と、キリンHDとの間に、中間持ち株会社を設置することを計画します。

実際、三宅さんのリーダーシップによって、12年1月には、キリンビールの子会社として、営業専門会社のキリンビールマーケティングが設立されるなど、グループの再編が進められていました。

前田さんはこれに反対したのです。

『営業専門会社を設立するのはまだいいとしても、中間持ち株会社を設立すると、組織の構造が複雑になり、事業に混乱をもたらす』と、前田さんは訴えました。前田さんは確かに優秀な経営者でした。一人で何役もこなすことができました。ただし、立場が上の人に向かって、自分の意見を堂々と言ってしまうので、敵を作りやすい人ではありました」

師匠だった桑原と重なるが、「前田さんは、三宅さんに断固とした態度で諫言《かんげん》することもあった。実力者の前田さんだから、できたのです」（別の元経営幹部）という。

かつて、「天皇」と呼ばれた本山の引退後、キリンは「暗黒時代」に突入した経験があった。

一方、やはりワンマンで鳴らした加藤の引退後に再び暗黒の時代に突入することになるのは、皮肉というほかなかった。

最終的には、この「ブラジル投資」は失敗に終わる。また、新たに設置された「中間持ち株会社」も、やがて解消されることになる。

キリンを離れた前田は、14年6月に亀田製菓の社外取締役に就く。

佐治信忠と加藤が、「ゆくゆくはトップに」と、おそらく考えていたであろう前田仁は、キリンＨＤ社長となることはなかった。

マーケターとして、また経営者としてのその手腕は、社内外において広く評価されていた。

ただ、巨大企業の経営トップに収まるには、前田はある意味、あまりに優秀すぎたのかもしれない。

優秀であるがゆえに、前田には正しい解決策が見えてしまう。そのため、理不尽を許容して、政治的に振る舞うことが、あまり得意ではなかったのかもしれない。

前田は普段から自分の信念を貫く、ブレない人間だった。それが災いし、地位のある人の面子《めんつ》を傷つけてしまうこともあったのだろう。

前田には不思議な魅力があり、多くの人に慕われていた。時には部下を叱責《しっせき》するような、厳しい上司だったにもかかわらず、部下として働いた人の多くが、いまも彼への敬愛の念を隠さない。

一方で、組織人としては敵を作りやすいタイプだったことも否定できない。

社長に就任した際に、用意された社用車を断るような型破りな人材は、巨大な組織のトップとしては不向きだったかもしれない。

前田は明らかに、権力闘争を勝ち抜いていくような、したたかなタイプではなかった。

もっと純粋な何かを、前田は持っていた。

それゆえ、いまも多くの日本人に愛される、数多くのヒット商品を、世に放つことができたのだ。

前田自身は、地位に執着するような人間ではなかった。

必ずしも、出世を否定していたわけではない。だが、前田には、出世より優先すべきことが明確に見えていた。

それゆえ、自分の出世に悪影響を及ぼすことは承知で部下をかばうことさえあった。

キリンビバレッジの社長を退任することになっても、前田は平然としていたという。

「自分のことよりも、キリンビバレッジの社員たちの心配をしていましたね。『キリンから来る新しい社長は、ビバレッジの社員たちを、きちんと育てられるだろうか』と、そんなことばかり言っていました。09年にメルシャンを去った時も、同じような心配をしていました」

前田の妻、泰子はそう思い出を語ってくれた。

当時、キリンのライバル社の社長を務めていたある人物は、次のように語っていた。

「キリンは前田さんが作ったヒット商品に支えられていた。

キリンは、そんな功労者を切ってはいけなかった。こういう人事は、社員たちの士気にもかかわる。

そもそも、前田さんのいないキリンなど、怖くはない」

この人物の予言は、不幸にも的中する。

前田が去って以降、キリンは、凋落《ちょうらく》の一途を辿《たど》った。

14年にキリンが直面したのは、悪夢というほかないような、悲惨な数字だった。

この年、首位アサヒとのシェア差は、過去最大級の5・0%（出荷ベース）にまで拡大する。まさに泥沼といった状況で、09年に一時アサヒを逆転した勢いは、もはや見る影もなかった。

しかし、キリンにはもう前田がいなかった。

「困った時の前田頼み」は、もう通じないのである。

ただ、キリンにはまだ「人」が残っていた。

首位奪還

業績が泥沼化する中、15年1月に、布施孝之がキリンビール社長に就任する。

布施は、キリングループの営業子会社だったキリンビールマーケティング（当時。17年にキリンビールに統合）の社長だった。営業出身の布施は前田よりちょうど10歳若いが、やはり「桑原学校」の門下生だった。

本来社長は3月に就任するのが通例だったが、業績の凋落に歯止めが掛からないため、1月に「緊急登板」することになる。

ピンチに直面していた布施は、社内の大改革に着手する。

布施は商品の「選択と集中」を実行し、経営の効率化を進める一方、イオンなどのプライベートブランド（PB）の受託生産を拡大し、売り上げの増加を図った。

特に、イオン向け「第3のビール」のPB「バーリアル」は、メーカーと小売りの直取引によって生まれた商品だった。

それは、かつて加藤がイメージしていたような、メーカーと小売りが直接取引する経済構造を実現した商品でもあった。

流通大手のイオンは高度な倉庫機能を保有しており、卸を外しても、問題なく商品を流通させることができる。「バーリアル」は韓国大手ビールでABインベブ系のOBビールが長く受託生産していたのを、18年6月からイオンは受託生産先をキリンに切り替えたのだ。

イオンの協力によって布施は、かつて加藤が構想した取引を、具現化することに成功したのである。

卸を外したことで、ＰＢ「バーリアル」は、店頭価格80円台という「激安」を実現する。

また、キリンＨＤはマーケティング面で有名なＰ＆Ｇより、山形光晴をマーケティング部長として招聘《しょうへい》する。

山形は、「第3のビール」の新商品「本麒麟《ほんきりん》」（18年3月13日発売）を開発し、これをヒットさせる。

ともあれ、布施の行った最大の改革は、ビールの主力商品を、前田の作った「一番搾り」に定め、強化したことにほかならない。

「スーパードライ」に対抗するビールとして、90年3月に商品化されて以来、「一番搾り」は押しも押されもせぬキリンの大ヒット商品となっていた。

しかしながら、この「一番搾り」をどう扱うかにおいて、キリンが長年ブレ続けてきたことも事実だ。

その結果、キリンの主力商品を「ラガー」とするか「一番搾り」とするかという、不毛な縄張り争いが長年にわたって続けられた。

これがキリン凋落の最大要因であったことは間違いない。「一番搾り」優先に先鞭《せんべん》をつけたのは、磯崎功典だった。磯崎は12年にキリンビール社長に就任すると、長年続いた「ラガーvs一番搾り」の不毛な争いに終止符を打ち、ビールの主力商品を「一番搾り」に定めようと動く。

布施は、その磯崎の意志を受け継ぎ、実行に移したのだ。

この時、キリンが「一番搾り」強化に動いたのには、ある事情があった。

16年末、政府・与党は新たな酒税制度改革案を提示していた。

その改革案では、ビール類（ビール、発泡酒、第3のビール）の税率を、20年10月、23年10月、26年10月の3段階を経て、将来的に一本化することになっていた。

つまり、もともと税金の安い「第3のビール」にとっては増税となり、税金の高い「ビール」には減税が予定されている。そのため、「発泡酒」や「第3のビール」よりも、「ビール」の販売を強化する必要に迫られたのである。

その際、強化すべきなのは「ラガー」ではなく、「一番搾り」であるのは、あまりにも明白だった。

昔と違い、「ラガー」より「一番搾り」を優先しても、キリン社内の反発は少なくなっていた。

こうして、布施によって、「一番搾り」中心のビール強化策が進められたのである。そ

「ハートランド」の開発にあたって、上司だった桑原が前田に与えたミッション。それが「打倒ラガー」だった。

マーケターとして前田が戦ってきたのは、アサヒをはじめとする社外のライバルではなかった。「ラガー」に象徴される、キリンの足枷《あしかせ》となった過去の成功体験こそ、前田が必死に戦った相手だった。

その光景は、いまだに「高度成長」「バブル」という成功体験を捨てられない、日本社会の有り様と、奇妙なほどに似ている。

布施による「一番搾り」強化は、そうした戦いに、ようやく終止符が打たれた瞬間だった。

「本社の言うことは聞かなくていい。責任は私が取る」

大阪支社長時代、そう言ってはばからなかった布施のリーダーシップによって、キリン社内は徐々に活気づいていく。

「一番搾り」を中心に据えたビールの販売強化策も、順調に進む。

まるで、陰で前田に導かれてでもいるかのように、キリン社内は「再逆転」に向けて、一つにまとまっていく。

前田を敬愛してやまない、彼の弟子たちもまた、その思いを抱いて、最前線で活躍したのである。

その結果、キリンはついに、「首位奪還」に成功する。

世界がコロナ禍にあえいでいた20年上期（1月〜6月）。キリンは09年以来11年ぶりにアサヒを逆転し、シェアトップの座に返り咲いた（アサヒが販売量の公表をやめてしまったため、あくまでも推計だが、3社の数字から判断して間違いはない）。

通期でもキリンはアサヒを抑え、11年ぶりの首位を確保する。

しかも、09年とは違い、今度は再逆転をきっかけに失速することはなかった。キリンは続く21年にも、シェア1位を確保する。

「ついに、アサヒに勝った！」

キリン社内が喜びに沸く直前の、20年6月13日。

前田は愛する家族に見守られながら、この世を去った。

死因はすい臓がんだった。享年《きょうねん》70歳。

「マーケティングの天才」にとって、あまりにも早すぎる最期《さいご》だった。

29年前の91年6月13日に、前田は当時キリンビール社長だった本山英世から社長賞を受けていた。

奇《く》しくも同じ日に、彼を慕う多くの人々に惜しまれつつ、前田はその生涯を閉じた。

「どうすればヒットするか、俺には分かってしまうんだ」

前田は生前、周囲にこう漏らしていたという。

「ハートランド」「一番搾り」「淡麗」「淡麗グリーンラベル」「氷結」など、戦後のキリンのヒット商品のほぼすべてにかかわり、「マーケティングの天才」と謳《うた》われた前田には、本当に「ヒットの方程式」が見えていたのかもしれない。

ただ、ヒット商品とは所詮《しょせん》、水物に過ぎない。

ヒット商品のおかげで、業績が向上することもあれば、過去のヒットに囚《とら》われるあまり、むしろ負の遺産と化していくこともある。

まさしくいまの日本こそ、そうした状況に陥っていると、筆者には思えてならない。

もし前田が生きていたら、そんな日本に向かって、こう檄《げき》を飛ばすだろう。

「昔話では食えない。過去の栄光を捨て、新しい価値の創造を目指そうじゃないか」

あとがき

2022年1月にキリンビール社長に就任した堀口英樹は、前田仁についてこう語っている。

「本質と信念の人でした。つねに流行は追っているけれど、それで『本質』を見失うことはない。前田さんにとっての『本質』とは、お客様のことです。会社の都合などは二の次でしかありません。前田さんからは多くのことを学びました。部下にも『社内事情より、お客様を第一に考えろ』と言い続けています」

前田が急逝《きゅうせい》した20年6月、堀口はキリンビバレッジ社長を務めていて、社内に向け追悼メッセージを発信した。その中に次がある。

『市場シェアが事業成果の指標として広く受け入れられていた中で、収益の大切さを教えてくださったのも、故 前田元社長です。また、事業構造の改革と並行して新たな価値創造も積極的に推進されました。現在、健康領域で大きな成長を果たしている

「午後の紅茶 おいしい無糖」や夏場のヒット商品に常にランクインを続ける「世界のKitchen からソルティライチ」なども故 前田元社長の在任中に新商品として発売されたものです』

前田がキリンビバレッジ社長だったとき、側近として働いた社員は言う。

「前田さんが社長の時はビバレッジの収益を上げるべく、収益構造改革を断行した時期だったと思います。箱数を追うのではなく利益を追うようにと。当たり前のことですが、箱数が命だった社員たちに浸透するには、多くの時間がかかりました。

もっとも、私が特に記憶に残っているのは、２０１１年の東日本大震災直後における、業界対応です。

ペットボトルのキャップメーカーが被災して、キャップが供給できなくなるという業界の危機が起きました。この時、業界団体である全国清涼飲料連合会（当時は同工業会）の会長をされていた前田さんがリーダーシップをとり、各社がロゴなどを入れずに白無地キャップに統一することを決める。この結果、各社とも製造・供給を続けることができたのです。

危機において、前田さんは派手なパフォーマンスをするのでなく、いま何をすべきかを常に冷静に考えて素早く行動に移していました」

なお、前田の後任として12年に同連合会会長に就いたのはアサヒ飲料社長を務めていた菊地史朗。土浦のストリップ劇場にて「ボク」と踊り子さんたちから呼ばれていたアサヒビール営業部隊のエースであり、「スーパードライ」開発メンバーの一人だった男。前田とは、同学年である。

真柳亮は、前田という存在について次のように話す。

「答えではなく、考え方を教えてくれる人。キリンにはもったいない存在であり、(左遷《させん》されたとき)よくぞ辞めなかったな、と思います。気取ってないのにカッコよかった」

「一番搾り」開発メンバーだった舟渡知彦は、「憧《あこが》れを感じさせる人であり、人を巻き込むのが上手でした」と言う。同じく島田新一は、「『伝統は守るべからず、作るべし』という前田さんの言葉が、僕の中に残ってます」と話す。

前田と同期入社でキリンビール社長を務めた松沢幸一は、「月刊たる」2020年10月号の連載コラムに「畏友《いゆう》前田仁君を悼《いた》む」という一文を寄せている。その中に、「彼の軽やかな大阪弁は人を和《なご》ませ、その気にさせた。彼は爽《さわ》やかでダンディだったが、芯《しん》の強い信念の人でもあった」と記している。

サッポロビール社長に21年3月に就任した野瀬裕之は言う。

「前田さんとは何度かお会いしましたが、私は一回り以上若く、あいさつ程度のかかわりでした。あの前田さんが、いまのサッポロをどう評価されるのか、お会いして聞いてみたかったです」

野瀬は63年生まれ。前田と同じくマーケター出身の経営者である。

前田仁は、こんな言葉も遺《のこ》している。

「ヒット商品で会社は変わらない。組織内の本質的な問題を隠してしまうから。上手《うま》くいかないのは、企業統治の仕方にあるのではなく、『新しい価値や感動を、お客様に提供できなくなっていること』にある」

ビールがもっとも熱かった時代を、前田は駆け抜けた。多くのヒット商品を世に送り、新しい価値を生活者に提供しながら。本書はその足跡を追った。

本書は、毎日新聞出版のＷＥＢメディア「週刊エコノミストオンライン」に、２０２１年１月から22年２月まで連載した「キリンを作った男・前田仁」を、大幅に加筆修正したものである。

世の中には企業におもねった「提灯記事《ちょうちん》」もたくさんある。本書はその類《たぐい》ではない。むしろ、過去の出来事とはいえ、キリンにとってマイナスとなる話も収録した。筆者にはキリンを批判する気持ちは毛頭ない。それでも、あえて「闇《やみ》」を描かなければ、前田仁という「光」を、説得力を持って浮き彫りにすることはかなわなかった。

そんな「難物」である本書の取材に、連載中から快く対応してくれたキリンHD広報、およびキリン関係者の方々には感謝したい。とりわけ、キリンHD広報部の佐々木直美執行役員には、大変お世話になった。

また、生前の前田について、貴重なお話を聞かせてくださっただけでなく、写真や資料を快くご提供いただいた前田泰子、前田亜紀、前田佑介、前田周吾各氏をはじめ、ご遺族の皆様には、この場を借りて深く感謝申し上げたい。

そして本書の制作に力を尽してくれた、フリーランス編集者の名古屋剛、プレジデント社書籍編集部の工藤隆宏、同書籍編集部長の桂木栄一、そして週刊エコノミストオンライン元編集長の金山隆一の各氏に、改めて謝意を表したい。

名古屋、工藤の両氏とは新宿の喫茶店にて、幾度となく緊張した議論を交わしたが、いまとなってはよき思い出だ。桂木氏とは94年2月からの付き合いであり、長い交流の継続を嬉《うれ》しく思う。金山氏からは、先ほども新たな仕事の電話をいただいた。世の中はいつも動いている。

もう時間だ、最後のピリオドを打たなければならない。本書が、成功体験を捨て、新たな価値創造を望む読者諸氏にとって、その一助になれればと、願ってやまない。

2022年4月

永井 隆

文庫版あとがき

「本気で考えているのか……」

1989年秋、キリンビール取手工場の醸造技師を務めていた南方《みなかた》健志は、戸惑うしかなかった。

「一番搾《いちばんしぼ》り麦汁だけを使うビールの新製品を、俺たちはいまつくっている」。84年の同期入社である舟渡知彦から、こう打ち明けられたからだ。舟渡は前年まで名古屋工場にいて、自分と同じ醸造技師だった。ところが89年1月、新製品開発を担《にな》うマーケティング部へと異動していた。

南方に限らず、工場の生産現場を預かる技術者にとって、一番搾り麦汁だけを使うビールは常識外れであり、商品としてあってはならないものだった。彼らの仕事は、コスト削減に挑みながら、より高効率で安定した生産を継続することだったから。

舟渡が南方に打ち明けた新製品の開発リーダーが、本書の主人公である前田仁《ひとし》だ。

新製品は89年末に「一番搾り」とネーミングされ、翌年3月に発売された。

それから34年の月日が流れた2024年3月、南方はキリンホールディングス（HD）社長に就任した。

「一番搾りから、私は多くを学びました。特に常識を疑う、ということ。少子高齢化社会を迎えたいま、モノづくりにはイノベーション（技術革新）は、必須なんです。イノベーションも新しい価値創造も、それまでの常識を疑うことから始まります。キリンがいま進めているクラフトビール事業も、ビールの新しい価値提供です。常識を覆《くつがえ》して発売に漕《こ》ぎつけた一番搾りの開発が、新しい挑戦の原点にあるのです」

前田がリーダーとなってつくりあげた「一番搾り」は、キリンの基幹商品であるというだけではなく、キリンの経営やモノづくりの考え方に、脈々と生き続けている。人から人へと、伝えられながら。ちなみに、2015年に始まったクラフトビール事業も、社内の反対に遭いながらも実現した経緯があった。

「前田さん、製造部技術課からマーケ部に本日付で配属されました福田純子と申します。どうかよろしくお願いします」

「実は俺、もうすぐ出るんや」

「エッ……」

現在、キリンHD副社長の坪井（旧姓・福田）純子が、前田仁と初めて言葉を交わしたのは90年3月21日。前田の異動に、当時27歳だった坪井は驚きを覚える。「一番搾り」は、この翌日に発売された。流通からの仮受注、さらには市場調査から、ヒットするのは確実と発売前に分かっていた。なのに、開発を指揮した前田は異動してしまうという。

その数日後、群馬で高い営業成績を上げていた佐藤章が、マーケティング部へと転勤してきた。佐藤は現在、高級ポテトチップス「PRIDE POTATO（プライドポテト）」のヒットで躍進中である湖池屋《こいけや》の社長を務める。本文では『キャリア申告制度を利用し、90年にマーケティング部へ異動』と記した。

「表向きはその通りで、手続き上もそうなっています。しかし、真相はジンさん（前田）による〝一本釣り〟でした。ジンさんは、優秀なマーケターになりそうな人材がいないか、いつも社内で探していたのです。ジンさんと事前に水面下で面談をして、異動は決まっていた。つまり、ジンさんが僕を見出《みいだ》したのです」

本書が2022年5月にプレジデント社から発行された翌月、佐藤に取材した折、このように明かされた。前田が佐藤を発掘しなければ、缶コーヒー「FIRE」や

「生茶」などの佐藤がキリン時代に放ったヒット作も、湖池屋の復活もなかったかと思うと、感慨深い。さらに、人のスカウティングまでも前田が自ら行っていたのには驚かされた。

「ジンさんは僕にとって、師です」と佐藤章は話す。

清涼飲料のキリンビバレッジに異動していた佐藤章はキリンビールマーケティング部長だった前田と終業後、川崎市登戸《のぼりと》のビアホール「キリンシティ」にて、たびたび会っていたという。

情報交換はもちろん、大物俳優のCM起用についてなど、重要案件を話し合うことも多かった。それなのに、前田はいつも私費で支払いを済ませていたそうだ。

「ジンさんは徹底していました。公私の別を厳格に分けていたのです。廉潔《れんけつ》な人柄が滲《にじ》み出ていました」

この姿勢は家庭でも一緒だった。雌伏を終えて本社の部長となった前田の自宅には、中元や歳暮の品が数多く送付されてきた。すると、前田は妻の泰子さんに命じ、これらギフトの値段を調べさせた上、同額の商品を送り返したのである。購入費は、すべて私費だった。

こうすると、相手はギフトの送付を二度としなくなったそうだ。先方は会社であり経費で贈るのに対し、こちらは自腹。前田家の家計を痛めたのは、間違いない。接待ゴルフも一切受けずに、「どんなときでもプレー代は、自分で支払っていました」と泰子さん。

田山智広は2001年に横浜工場の技術職から、本社マーケティング部に異動し新製品の中味を開発するリーダーになった。その時の部長は前田だった。

「前田さんは、マーケターなのに製品の官能評価が好きで、生産部門の幹部と私を呼び、定期的に試飲していた。キリンの試醸品だけでなく、他社の新製品も試飲し、『これ、よくできている』と公平に評価していたのが印象に残っています。生産の幹部は決まって反論していた。前田さんは部長なのに、キリンの色に染まってない人でした」

こう話す田山は87年入社で、現在はキリンビールのマスターブリュワー（ビール類・RTDなど中味開発の総責任者）を務める。キリンは2015年にスプリングバレーブルワリー（SVB・本社渋谷区）を設立し、クラフトビール事業に参入した。田山は事業立ち上げに参画し、クラフトビールの味決めも、15年からずっと担っている。

「氷結」をつくりあげた鬼頭英明は、2021年9月にキリンを退職した。キリンをほぼ同時期に辞めた門田クニヒコ、小元俊祐とともに、長崎県は五島列島の福江島に移住。クラウドファンディングで資金の一部を調達し「五島つばき蒸溜所」（会社名も同じ）を建設。クラフトジン「GOTOGIN（ゴトジン）」を22年12月から生産している。

島に咲く椿《つばき》の実をキーボタニカル（香味植物）にしたことと、ジュニパーベリーや椿などすべてのボタニカルを個別に蒸溜し最後にブレンドしていることが、ゴトジンの特徴だ。ブレンダーだった鬼頭は原酒開発や製造、門田は社長、小元はマーケティングや営業をそれぞれ担当するという体制である。キリン時代に3人とも商品開発の経験があり、24年7月1日時点で鬼頭は60歳、小元は59歳、門田は53歳。人生100年時代における、オヤジたちの進撃である。

規模や量を追うのではなく、豊かな自然に恵まれた五島の地域性を生かした酒づくりに取り組む。酒は嗜好品であって、洗剤や歯ブラシのような必需品とは違う。このため、特定の人から深く愛される個性が求められる。「できれば今年（24年）後半に輸出を開始して、世界に打って出たい」と鬼頭は話す。

「前例がないことをやるから意味があるんや」「社外でも通用する人材になれ」と部下に訴えていた前田だが、起業した上に世界を目指す弟子も誕生している。

前田はキリンビバレッジ社長になった後、こんな言葉を残している。

「新商品や新戦略といった新しいものは、既存の何かを壊すことにつながる。このため、どうしても軋轢《あつれき》や戦いが社内で生まれてしまう。だからこそ、適合は求められていく。戦いで反対者をやっつけるのではなく、適合という形で、対立する向きもうまく巻き込んでいくのだ」

新しい商品をつくるマーケターは、どうしても既存勢力の標的になりやすい。既存勢力からすれば、既得権益の破壊者となってしまうから。左遷《させん》されてしまった自身の経験から、適合という要素を前田は取り入れたのかも知れない。

実力者の前田を本社中枢《ちゅうすう》へと復活させたのは、社内ではなく社外の力だった。つまり、ライバル社の躍進があった。泰子さんは、「『アサヒが頑張っていたから、俺の出番があるんや』と前田は話していました」と打ち明ける。サラリーマンジャングルが、外部勢力により焦土と化したとき、必要とされるのは力を持つ者だけである。いつの時代も。

今回の文庫化では、加筆と修正を行った。信念を貫くということ、挑戦すること、部下をはじめ仲間を大切にすること。本書に記した前田の生き様から、サラリーマン人生をどう生き抜くかを汲《く》み取っていただければ幸いだ。

最近のビール商戦についても記そう。

２０２２年にアサヒが再びキリンを逆転した（アサヒが販売量を公表していないので推定だが）。コロナ禍が収束に向かい、アサヒが得意とする業務用市場が復活し始めていたことが大きかった。さらに、20年にキリンを首位に導いた功労者だった布施孝之キリンビール社長が61歳の若さで21年９月に急逝したことは、キリンにとっては不運としか言えなかった（布施は前田と同じ、桑原学校の門下生だった）。

ちょうどミャンマー事業撤退の後処理と時期が重なり、正式な後任社長をキリンはなかなか決められずに、22年商戦への体制づくりが遅れてしまったのである。23年もアサヒが僅差《きんさ》で首位を守り、24年夏場のいまは、まさに激戦の只中《ただなか》にある。

ビール類は酒税改正から２０２３年10月に第３のビールはなくなり（第３のビールは定義上、発泡酒になった）、現在はビールと発泡酒になった。26年10月には、ビールと発泡酒の酒税は統一され、税額格差はなくなる。このため、ビール・発泡酒のうち、減税されていくビールは拡大基調にある。キリンにとっては前田がつくりあげた「一番搾り」をいかに強化していくのかは、商戦を勝ち抜いていくポイントである。

キリンをはじめビール産業にとって最大の問題は、ビール類市場そのものが縮小しているということだ。最盛期だった１９９４年を１００とすると、２０２３年は約

58・５の規模になった。「人口減少、少子化が継続しているだけに、縮小には歯止めがかからない」とメーカー各社は口を揃《そろ》える。「スーパードライ」(87年発売)や「一番搾り」(90年発売)のように、発売初年度に販売量が１０００万箱を超えて、30年以上にわたり市場に定着するような超大型商品は、もう現れないのかも知れない。新しい価値を創出する商品、付加価値の高い商品が、次々と登場して多様なニーズに応《こた》えていく、という形に変わっていくだろう。販売量は小さくとも、特定の人たちに刺さり、きちんと利益を確保できる商品である。

　アサヒはアルコール度数を３・５％に抑えた「スーパードライ ドライクリスタル」を23年秋に発売。ビール類のアルコール度数は4~6%が大半であるだけに、従来にはない新機軸のビールだ。キリンは24年4月、ビールブランドとしては17年ぶりとなる新商品「晴れ風」を発売。麦芽１００％の熱処理ビールであり、希少ホップ「ＩＢＵＫＩ」を使用しているのが特徴。「飲み応え」を追求しながらも、酸味を抑えるなどの工夫で「飲みやすい」設計となっている。コロナ禍を経て、在宅勤務が日常化し、家で低アルコール飲料を一人で飲むスタイルが定着した。「ドライクリスタル」や「晴れ風」は、こうしたライフスタイルの変化に応えた、飲みやすく、柔らかな味わいのビールである。

この二つを例としたが、エッジの効いた特徴を持った商品が今後も多様に展開されていくだろう。量ではなく価値を追ってである。

「大量生産から、心を動かす製品へ」。1986年のハートランドプロジェクトで、前田は訴えていたが、これからのビールのモノづくりとも考え方は重なっていた。

ビールに関してさらに言えば、18年4月から酒税法での定義が変わった。戦後の長きにわたり、原材料に占める麦芽の構成比は「67%以上」（残りは米やコーンなどの副原料）とされてきたのが、「50%以上」に緩和され、副原料として果実やコリアンダーなどの使用も認められた。高価な麦芽の使用量を抑えても、ビールをつくれるようになっている。

一方、税額が統一された後も、エコノミーな商品は残るだろう。安さを求めるニーズは、間違いなくある（経済環境によっては膨らむかも知れない）。エコノミー商品は原価の低い発泡酒が中心になる。メーカーのNB（ナショナルブランド）よりも、大手流通が扱う安価なPBが増えていくだろう。

いくつもの要素は交錯するが、そもそも総市場の縮小が止まらないだけに、「ビールの大手4社体制が、この先も継続するのは難しい」（ビール会社首脳）という予測をする向きは多い。とはいえ、高温多湿な日本の、とりわけ超高温を記録する最近の夏場には、やはりビールは必要だ。甘くて安価な缶チューハイなどのＲＴＤが、発泡性低アルコール飲料でのシェアを拡大しているものの、ビールを支持する層は根強い。ビールは人に、勇気と元気を与えてくれる。半導体やリチウムイオン電池、電気自動車といった先端分野で、かつては先頭を走っていた日本だが、ここのところ、敗戦が相次いでしまっている。世界でも最高品質を誇る日本のビールを飲んで、日本のモノづくりの再興を目指していきたい。「ビールの力」を信じていきたい。

「いつもお客様を見ろ。お客様がすべてを決めてくれる」と、キリンビバレッジ社長時代の前田は発し続けた。ビール商戦にせよ、先端分野の世界的攻防にせよ、社内事情（自分たちの都合）を優先するとたいていは負けてしまう。電気自動車の場合なら、三菱自動車工業や日産が世界に先駆けながらも、自分たちに繁栄をもたらした内燃機関のサプライチェーンを容易には捨てられない、という内部の事情が横たわり、気がつけば海外勢の後塵《こうじん》を拝している。

我が国のモノづくりの復活は、社内を見るのではなく、外部にいるお客様に眼を転じることから、まずは推し進めるべきだ。過去の成功体験を捨ててである。

今回の文庫化に当たってもキリンＨＤ執行役員コーポレートコミュニケーション部

長の佐々木直美、同部の備前沙栄の両氏には本当にお世話になった。厳しいことを記した本書をふたりは文庫化においても受け止めてくれている。私たちは読者のために本を作っている。取材対象の会社の幹部を喜ばせるためでは、決してない。客観的な視座をもち、社会に対する情報公開に積極的な会社が、価値を上げて生き残っていく。

前田家のみなさまにも、前回に引き続きお世話になった。こちらにも感謝を申し上げたい。

そして、新潮文庫編集部の青木大輔次長に、謝意を表したい。今回、新潮社から文庫化の話をいただいたとき、正直に嬉《うれ》しかった。本書を若い人たちに読んでいただきたかったからだ。文庫ならば、学生をはじめ若者たちが手に取りやすくなる。文庫化を提案してくれた上、我《わ》が儘《まま》な筆者に、最後までお付き合いいただいた。

最後になったが、我が国が100年先もビールで乾杯できる豊かで平和な社会であり続けることを願い、ペンを置く。

2024年6月

永井　隆

この作品は二〇二二年五月プレジデント社から刊行された。
文庫化にあたり加筆修正を行った。

中山祐次郎著

俺たちは神じゃない
—麻布中央病院外科—

生真面目な剣崎と陽気な関西人の松島。確かな腕と絶妙な呼吸で知られる中堅外科医コンビがロボット手術中に直面した危機とは。

藤ノ木優著

あしたの名医
—伊豆中周産期センター—

伊豆半島の病院へ異動を命じられた青年産婦人科医。そこは母子の命を守る地域の最後の砦だった。感動の医学エンターテインメント。

北杜夫著

楡家の人びと
（第一部〜第三部）
毎日出版文化賞受賞

楡脳病院の七つの塔の下に群がる三代の大家族と、彼らを取り巻く近代日本五十年の歴史の流れ……日本人の夢と郷愁を刻んだ大作。

帚木蓬生著

蠅の帝国
—軍医たちの黙示録—
日本医療小説大賞受賞

東京、広島、満州。国家により総動員され、過酷な状況下で活動した医師たち。彼らの慟哭が聞こえる。帚木蓬生のライフ・ワーク。

山本周五郎著

赤ひげ診療譚

貧しい者への深き愛情から〝赤ひげ〟と慕われる、小石川養生所の新出去定。見習医師との魂のふれあいを描く医療小説の最高傑作。

山崎豊子著

白い巨塔
（一〜五）

癌の検査・手術、泥沼の教授選、誤診裁判などを綿密にとらえ、尊厳であるべき医学界に渦巻く人間の欲望と打算を迫真の筆に描く。

加納朋子著　カーテンコール！

閉校する私立女子大で落ちこぼれたちを救済するべく特別合宿が始まった！　不器用な女の子たちの成長に励まされる青春連作短編集。

京極夏彦著　ヒトでなし
　　―金剛界の章―

仏も神も人間ではない。ヒトでなしこそが悩める衆生を救う？　罪、欲望、執着、救済の螺旋を描く、超・宗教エンタテインメント！

黒川博行著　疫病神

建設コンサルタントと現役ヤクザが、産廃処理場の巨大な利権をめぐる闇の構図に挑んだ。欲望と暴力の世界を描き切る圧倒的長編！

櫛木理宇著　少女葬

ふたりの少女の運命を分けたのは、いったいなんだったのか。貧困に落ちたある家出少女たちの青春と絶望を容赦なく描き出す衝撃作。

小池真理子著　神よ憐れみたまえ

戦後事件史に残る「魔の土曜日」と同日、少女の両親は惨殺された――。一人の女性の数奇な生涯を描ききった、著者畢生の大河小説。

今野敏著　隠蔽捜査
吉川英治文学新人賞受賞

東大卒、警視長、竜崎伸也。ただのキャリアではない。彼は信じる正義のため、警察組織という迷宮に挑む。ミステリ史に輝く長篇。

月村了衛著　欺す衆生

山田風太郎賞受賞

原野商法から海外ファンドまで。二人の天才詐欺師は泥沼から時代の寵児にまで上りつめてゆく――。人間の本質をえぐる犯罪巨編。

原田マハ著　暗幕のゲルニカ

「ゲルニカ」を消したのは、誰だ？　世紀の衝撃作を巡る陰謀とピカソが筆に託したただ一つの真実とは。怒濤のアートサスペンス！

早見和真著　イノセント・デイズ

日本推理作家協会賞受賞

放火殺人で死刑を宣告された田中幸乃。彼女が抱え続けた、あまりにも哀しい真実――極限の孤独を描き抜いた慟哭の長篇ミステリー。

早坂 吝著　探偵AIのリアル・ディープラーニング

天才研究者が密室で怪死した。「探偵」と「犯人」、対をなすAI少女を遺して。現代のホームズVS.モリアーティ、本格推理バトル勃発!!

橋本長道著　覇王の譜

王座に君臨する旧友。一方こちらは最底辺。棋士・直江大の人生を懸けた巻き返しが始まる。元奨励会の作家が描く令和将棋三国志。

深町秋生著　ドッグ・メーカー

―警視庁人事一課監察係 黒滝誠治―

同僚を殺したのは誰だ？　正義のためには手段を選ばぬ〝猛毒〟警部補が美しくも苛烈な女性キャリアと共に警察に巣食う巨悪に挑む。

松岡圭祐著
ミッキーマウスの憂鬱

秘密のベールに包まれた巨大テーマパーク。その〈裏舞台〉で働く新人バイトの三日間を描く、史上初ディズニーランド青春成長小説。

宮部みゆき著
ソロモンの偽証
—第I部 事件—
（上・下）

クリスマス未明に転落死したひとりの中学生。彼の死は、自殺か、殺人か——。作家生活25年の集大成、現代ミステリーの最高峰。

三浦しをん著
風が強く吹いている

目指せ、箱根駅伝。風を感じながら、たすき繋いで、走り抜け！「速く」ではなく「強く」——純度100パーセントの疾走青春小説。

道尾秀介著
雷神

娘を守るため、幸人は凄惨な記憶を封印した故郷を訪れる。母の死、村の毒殺事件、父への疑惑。最終行まで驚愕させる神業ミステリ。

山本幸久著
神様には負けられない

26歳の落ちこぼれ専門学生・二階堂さえ子。職なし、金なし、恋人なし、あるのは夢だけ！つまずいても立ち上がる大人のお仕事小説。

横山秀夫著
ノースライト

誰にも住まれることなく放棄されたY邸。設計を担った青瀬は憑かれたようにその謎を追う。横山作品史上、最も美しいミステリ。

キリンを作《つく》った男《おとこ》
マーケティングの天才・前田仁の生涯

新潮文庫　な - 111 - 1

令和六年七月一日発行
令和六年十一月十五日五刷

著者　永《なが》井《い》隆《たかし》
発行者　佐藤隆信
発行所　株式会社新潮社
郵便番号　一六二―八七一一
東京都新宿区矢来町七一
電話　編集部(〇三)三二六六―五四四〇
　　　読者係(〇三)三二六六―五一一一
https://www.shinchosha.co.jp
価格はカバーに表示してあります。
乱丁・落丁本は、ご面倒ですが小社読者係宛ご送付ください。送料小社負担にてお取替えいたします。

印刷・三晃印刷株式会社　製本・株式会社植木製本所

ISBN978-4-10-105431-5 C0134